Petra Mönning

Was Luft alles kann

Kreative Ideen für die 1. und 2. Klasse

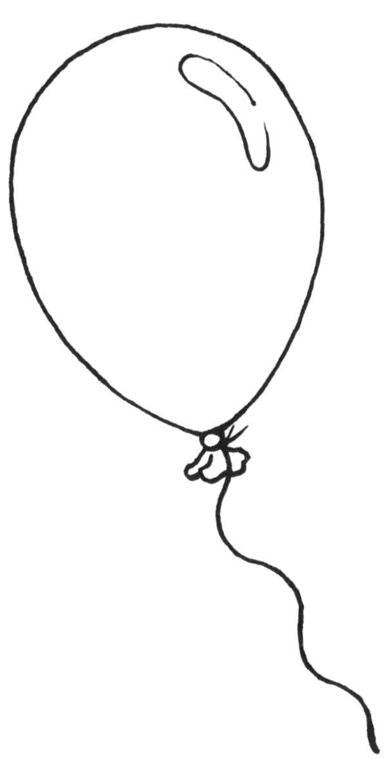

Materialien für den Unterricht
Hase und Igel®

Inhalt

Der Verlag dankt für die freundliche Abdruckgenehmigung des Liedes
auf Seite 21: „Lieber, bunter Luftballon" © Edition SEEBÄR-Musik Stephen Janetzko,
aus der CD „Ritter Kunibert".
Trotz intensiver Recherche war es leider nicht möglich, alle Rechteinhaber ausfindig zu machen.
Die Rechte bleiben gewahrt.

www.hase-und-igel.de
Lektorat: Sandra Hummel-Kuhn
Satz: Helga Lindemann
Illustrationen: Fides Friedeberg
Druck: Himmer AG, Augsburg

ISBN 978-3-86760-857-2

Vorwort

Luft ist für uns etwas Selbstverständliches. Sie ist allgegenwärtig und wird von uns doch selten bewusst wahrgenommen. Redensarten wie „Er ist Luft für mich." oder „Sie hat sich in Luft aufgelöst." spiegeln unsere Wahrnehmung der Luft als „Nichts" wider. Doch Luft ist weitaus mehr, denn ohne sie wäre ein Leben auf der Erde nicht möglich.

Je mehr man sich mit dem Element Luft beschäftigt, desto klarer wird, in wie vielen Bereichen unseres Lebens sie eine grundlegende Rolle spielt. Sie begegnet uns in Form von Druck, Kraft und Widerstand, sie braucht Platz, trägt und transportiert Gerüche und Geräusche. Auch Kinder haben schon zahlreiche Erfahrungen mit den verschiedenen Eigenschaften von Luft gemacht, wenn auch meist unbewusst. Sie haben bereits einen Ballon oder eine Luftmatratze mit ihrem Atem aufgeblasen, sie haben bei Wind einen Drachen steigen lassen oder beobachtet, wie Vögel durch die Luft gleiten. An diese alltäglichen Erfahrungen und das Vorwissen der Kinder knüpft das folgende Material an. Mithilfe zahlreicher Denkanstöße, Experimente und weiterer handlungsorientierter Aufgabenstellungen soll den Kindern die Luft mit ihren Eigenschaften und Funktionen sichtbar und begreifbar gemacht werden.

Das Thema „Luft" gehört zu den Schwerpunkten des Sachunterrichts der 1. und 2. Klasse. Die vorliegenden Aufgabenstellungen berücksichtigen die Anforderungen der Lehrpläne und setzen diese um. Mit Unterstützung der Materialien nehmen die Kinder das Naturphänomen Luft mit allen Sinnen wahr und entwickeln eigene Fragestellungen und Zugänge zum Erkunden dieses Elements. Die Kinder entdecken und untersuchen u. a. die verschiedenen Eigenschaften der Luft, planen und führen Versuche durch, machen Beobachtungen und werten Ergebnisse aus.

Der vorliegende Band bietet Ihnen vielfältige und fächerübergreifende Übungen für einen abwechslungsreichen Unterricht. Eingeteilt in drei Kapitel sind die Kopiervorlagen flexibel und unabhängig voneinander einsetzbar:

Mit dem ersten Kapitel „Was Luft alles kann" werden die Erfahrungen und Grundkenntnisse rund um das Thema „Luft" aktiviert und aufgegriffen. Die Kinder werden auf unterschiedlichen Wegen dazu angeregt, eigene Überlegungen zum Thema anzustellen und mit allen Sinnen individuelle Erfahrungen zu sammeln. Mit einer Fantasiereise, einem Lied und weiteren Materialien werden sie spielerisch auf das Thema eingestimmt. Ihnen wird deutlich, in welchen Bereichen unseres Alltags Luft eine Bedeutung hat und dass sie lebensnotwendig für uns ist.

Im zweiten Kapitel „Luft erfahren" können die Kinder mithilfe zahlreicher Experimente das Element Luft und seine vielfältigen Eigenschaften erforschen und begreifen. Die Experimente sollen sie zu eigenständigem Arbeiten ermutigen und in ihrem Forscherdrang unterstützen. So werden die Schüler zum entdeckenden Lernen angeregt. Die Versuche eignen sich für die Partner- und Gruppenarbeit.

Das dritte Kapitel „Luftikus" bietet den Kindern weitere fächerübergreifende Zugänge zum Element Luft. Mithilfe der Aufgabenstellungen und Anregungen können sie sich kreativ mit den Eigenschaften von Luft auseinandersetzen. Die Schüler basteln u. a. Luftschlangen und Windspiele, pusten Klecksbilder und komponieren eine kleine Luftmusik.

Viel Spaß beim gemeinsamen Forschen und Begreifen rund um das Element Luft!

Petra Mönning

1. Kapitel: Was Luft alles kann – Einstimmung

Vorbemerkung

Überall um uns herum ist Luft. Da wir sie jedoch nicht sehen können, nehmen wir sie nur selten bewusst wahr. Dabei können wir Luft mit allen Sinnen erleben: Wir können den Wind auf unserer Haut und in unseren Haaren spüren, wir können sehen, wie der Wind die Äste an den Bäumen bewegt und wie Vögel durch die Luft gleiten, wir können die bewegte Luft hören, wenn sie Blätter zum Rauschen und Segel zum Knattern bringt, und wir können sie riechen, wenn Luft die Meeresbrise zu uns trägt.

Luft ist für die meisten Lebewesen existenziell. Sie ist ein Gemisch verschiedener Gase: Fast vier Fünftel der Luft bestehen aus Stickstoff (78 %), weniger als ein Viertel besteht aus Sauerstoff (21 %) und 0,03 % bestehen aus Kohlenstoffdioxid. Luft umschließt unsere Erde wie eine Hülle, die sogenannte Atmosphäre. Ohne diese Lufthülle wäre es auf der Erde tagsüber glühend heiß und nachts eiskalt.

Luft ist auch aus unserem alltäglichen Leben nicht wegzudenken. Sie erfüllt mit ihren verschiedenen Eigenschaften zahlreiche Funktionen: Luft trägt und bremst, treibt an, nimmt Raum ein, übt Druck aus und transportiert. Mit ihrer Unterstützung können wir im Flugzeug fliegen, sie sorgt für Windenergie, mit ihr blasen wir Matratzen auf, lassen Drachen steigen und vieles mehr.

Diese zahlreichen Eigenschaften des Elements Luft sollen den Schülern mithilfe der folgenden Seiten bewusst werden. Dabei werden Erfahrungen aus dem alltäglichen Leben der Kinder aufgegriffen und einbezogen.

Lehrplanbezug

Sachunterricht

- Das Naturphänomen Luft mit allen Sinnen wahrnehmen
- Mit der natürlichen Lebensumwelt verantwortungsvoll umgehen
- Die Bedeutung von Luft für Menschen, Tiere und Pflanzen nachvollziehen und beschreiben
- Die eigene Atmung beobachten

Deutsch

- Sinnentnehmend zuhören und lesen
- Gespräche führen und sich daran beteiligen
- Gefühle äußern und eigene Ideen einbringen
- Sich verständlich mitteilen, Begebenheiten und Sachverhalte aus dem eigenen Lebensbereich darstellen
- Texte präsentieren, vortragen bzw. vorlesen

Musik

- Das Lied „Lieber, bunter Luftballon" lernen und singen

Zu den Kopiervorlagen

KV Seite 9

Eine luftige Fantasiereise

Die Fantasiereise kann zur Einstimmung auf das Thema „Luft" dienen. Den Kindern begegnet die Luft in der Geschichte in vielen verschiedenen Formen und Situationen, z. B. Berührung auf der Haut, Wellen, die man sehen kann, ein fahrendes Segelboot, fliegende Möwen. Damit die Schüler sich auf die Reise einlassen können, sollte eine ruhige Atmosphäre geschaffen werden, in der sie sich entspannen. Die Kinder können dabei liegen oder am Tisch sitzend den Kopf auf ihre Arme legen. Die Augen können geschlossen werden. Drängen Sie ein Kind nicht, die Fantasiereise mitzumachen. Nicht jeder zeigt sofort Bereitschaft, sich darauf einzulassen. Manche möchten einfach still zuhören. Die anderen Kinder dürfen nicht gestört werden. Lesen Sie die Fantasiereise langsam und betont vor und machen Sie ausreichend Pausen. Mit einer entsprechenden Musikuntermalung oder Geräuschkulisse, z. B. Meeresrauschen, wird die Reise stimmungsvoll unterstützt. Geben Sie den Schülern Zeit, die Gedankenreise als Möwe selbstständig ohne Textvorgabe fortzuführen, bevor sie wieder „landen" müssen.

Nach der Fantasiereise sollten die Kinder die Möglichkeit haben, von ihren Eindrücken zu berichten, z. B. was sie bei ihrem Flug über den Strand und das Meer gesehen haben. Außerdem kann in diesem Zusammenhang das Vorwissen aufgegriffen werden, indem die Schüler erzählen, welche Erfahrungen oder Erlebnisse sie mit dem Element Luft verbinden. Anschließend malen oder schreiben die Kinder ihre Geschichte auf.

Luft ist überall

Sie können das Bild entweder auf Folie kopieren und mithilfe des Overheadprojektors im Klassenverband besprechen oder die Kinder die Aufgabe in Partnerarbeit auf dem Blatt lösen lassen. Besprechen Sie anschließend gemeinsam, wo überall Luft zu finden ist. Je nach Leistungsstand der Kinder können Sie folgende Formulierungen bei der Beschreibung des Bildes verwenden: Luft treibt an. Luft transportiert Gerüche und Geräusche. Luft trägt. Luft bremst. In diesem Zusammenhang können die Kinder über ihre eigenen Erfahrungen mit diesem Element berichten.

Indem die Schüler in ihrem nächsten Umfeld nach Luft Ausschau halten, wird der Bezug zu ihrer Lebenswirklichkeit hergestellt.

Lösung

Aufgabe 1:

Mindmapping

Mindmapping ist eine kognitive Technik, die beispielsweise zur Erschließung und visuellen Darstellung eines Themengebiets genutzt werden kann. Es werden assoziativ alle Gedanken und Ideen zu einem vorgegebenen Thema bzw. Stichwort genannt und strukturiert.

Weiterführende Anregung

Sie können mit den Kindern auf einem Plakat oder an der Tafel in Form eines Brainstormings eine Mindmap rund um das Thema „Luft" anlegen. Die Kinder nennen ihre Assoziationen dazu. Notieren Sie diese auf einzelne Zettel und ordnen Sie die Zettel anschließend an der Tafel. So können Sie das Vorwissen aktivieren. Die Schüler können außerdem Fragen zum Thema formulieren, die im weiteren Verlauf der Unterrichtsreihe aufgegriffen und beantwortet werden.

Stellen Sie der Klasse für die Dauer der Unterrichtseinheit eine Bücherkiste zum Thema „Luft" zur Verfügung. Viele Bibliotheken bieten solche Kisten zu verschiedenen Grundschulthemen an. Die Kinder erhalten so die Gelegenheit, in den Büchern zu schmökern, eigene Interessensgebiete zu entdecken, zu bestimmten Fragestellungen zu recherchieren usw.

KV Seite 11

Luft mit allen Sinnen

Ermöglichen Sie es den Kindern, zur Bearbeitung dieser Aufgabe auf den Schulhof zu gehen oder führen Sie einen Erkundungsgang in einen Park durch. Am besten eignet sich ein Tag, an dem ein wenig Wind weht. Wo entdecken die Kinder überall Luft? Dabei sollen sie ihre Sinne Hören, Riechen, Sehen und Fühlen bewusst einsetzen. Bereits auf dem Weg werden aufmerksame Schüler Luft entdecken, z. B. in Auto- oder Fahrradreifen, in den Haaren beim Gehen oder Rennen usw. Zurück im Klassenzimmer schreiben die Kinder ihre Entdeckungen auf. Abschließend stellen sie ihre Ergebnisse im Klassenverband vor.

Beispiellösung

Luft hören: Pfeifen des Windes, raschelnde Blätter, rauschende Bäume, knatternde Fahnen

Luft sehen: wippende Äste/Gräser/Blumen, wehende Fahnen, flatternde Kleidung, fliegende Blätter/fliegendes Papier, Samen von Pusteblume oder Ahorn

Luft fühlen: Windstoß im Haar, Windhauch im Gesicht, starker Wind drückt gegen den Körper, Wind kommt von verschiedenen Seiten

Luft riechen: Geruch nach Erde, Blütenduft, Geruch von frisch gemähtem Gras, Geruch von Passanten, Duft beim Bäcker, Autoabgase

Weiterführende Anregung

Die Kinder feuchten einen Finger an und strecken ihn in den Wind. Können Sie spüren, aus welcher Richtung der Wind weht?

KV Seite 12

Auf der Suche nach der Luft

Lesen Sie die Geschichte im Sitzkreis vor und verbinden Sie das Vorlesen mit einem kleinen Spiel. Lassen Sie dafür die Kinder vorher eine große Wolke ausschneiden und das Wort „Luft" hineinschreiben. Die Kinder müssen beim Vorlesen ganz genau zuhören und ihre Wolke hochhalten, sobald sie im Text etwas hören, das mit dem Thema „Luft" zu tun hat. Nach dem Vorlesen wiederholen die Schüler die Geschichte mit ihren eigenen Worten. Sie berichten außerdem von persönlichen Erfahrungen zu den Themen „frische Luft" und „draußen sein". Warum ist frische Luft wohl so wichtig? In diesem Zusammenhang können Sie auch die Themen „Luftverschmutzung" und „Autoabgase" ansprechen. Anschließend bearbeiten die Kinder die Seite und malen den Drachen schließlich rot an.

Lösung
Aufgabe 1:
„Paula, geh doch raus an die frische Luft! Es ist so schönes Wetter“, ruft Mama aus dem Wohnzimmer.
„Frische Luft, frische Luft“, denkt Paula brummig. „Was hat Mama bloß immer mit der frischen Luft?“
Paula zieht ihre Jacke an und geht zum Park. Vielleicht trifft sie dort ihre Freunde.
„Luft, was ist das eigentlich?“, überlegt Paula. „Und vor allem: Wo ist sie? Sehen kann ich sie nicht. Und riechen auch nicht. Hier an der Straße stinkt es nur nach Autoabgasen.“
Paula grübelt. Fast stolpert sie dabei über einen Mann, der gerade seinen Fahrradreifen aufpumpt.
Endlich ist Paula im Park. Ein leichter Wind weht. Die Äste an den Bäumen wippen auf und ab. Die ersten Blätter fallen von den Bäumen und werden davongeweht. Es riecht nach feuchter Erde und Herbst.
Schon von Weitem sieht sie Max und Anna auf dem Rasen hin und her laufen. Sie lassen gerade einen Drachen steigen. Paula sieht nach oben. Toll, wie der rote Drachen in den blauen Himmel steigt! „Hallo, darf ich mitspielen?“, ruft Paula begeistert. Als Paula sich später wieder auf den Heimweg macht, hat sie rote Wangen und vom Wind zerzauste Haare. Sie pfeift fröhlich ein Lied. Das war ein schöner Nachmittag! Aber der Luft ist sie trotzdem nicht begegnet. Oder doch?

Weiterführende Anregung
Die Kinder bemalen ihre Wolke und beschriften sie mit weiteren Wörtern, die sie mit dem Thema „Luft“ verbinden. Anschließend werden alle Wolken auf ein Plakat geklebt.

Luft tut gut
Zeigen Sie einführend ein Experiment: Stülpen Sie ein kleines Glas über ein brennendes Teelicht. Was passiert? Warum ist das so? Die Kinder wissen, dass überall um uns herum Luft ist. Erklären Sie vereinfacht die Zusammensetzung von Luft. Das Element besteht aus verschiedenen Gasen. Eines davon ist Sauerstoff (21 %). Der Mensch atmet den Sauerstoff ein und gibt Kohlenstoffdioxid ab. Auch die Flamme benötigt Sauerstoff. Dieser ist nach einiger Zeit verbraucht, weshalb die Kerze erlischt.

Die Arbeit mit dem Text eignet sich eher für das 2. Schuljahr. Lesen Sie ihn zunächst gemeinsam mit den Kindern und besprechen Sie ihn anschließend. Die folgende Aufgabe können die Schüler dann allein oder zu zweit bearbeiten. Überprüfen Sie die Ergebnisse im Plenum.

Vielleicht haben die Kinder ja auch schon einmal eine unangenehme Erfahrung gemacht, bei der ihnen die Luft fehlte, z. B. beim Tauchen im Schwimmbad oder beim Toben mit anderen Kindern. Verdeutlichen Sie ihnen in diesem Zusammenhang, dass das Atmen lebenswichtig ist und sie weder sich selbst noch andere daran hindern dürfen. Überlegen Sie gemeinsam mit der Klasse, wie man für frische Luft sorgen kann, z. B. durch regelmäßiges Lüften des Klassenzimmers oder Bewegung an der frischen Luft. Besprechen Sie außerdem, wie ein gutes, informatives Plakat aussehen sollte, z. B. große Überschriften, wichtige Informationen, gut lesbare Schrift, passende Bilder.

Lösung
Aufgabe 2:
Lösungssatz: Luft ist LEBEN!

Aufgabe 3:
z. B. Fangen spielen, Seil hüpfen, Blumen pflücken, auf Schnitzeljagd gehen, im Gras liegen und ein Buch lesen

Weiterführende Anregungen
- Experiment: Führen Sie das Experiment mit der Kerze unter dem Glas mit zwei verschieden großen Gläsern durch. Die Kinder stellen Vermutungen an, welche Kerze länger brennt.
- Atempausen: Führen Sie regelmäßige Bewegungs- und Atemübungen in Ihrer Klasse ein. Gerade nach einem anstrengenden Schulvormittag sind die Schüler in den letzten Stunden häufig müde und unkonzentriert. Öffnen Sie die Fenster und lassen Sie frische Luft herein. Die Kinder stellen sich hinter ihre Stühle und atmen bewusst tief ein und aus. Geben Sie kleine Aufträge, z. B.: „Atme langsam durch die Nase ein und durch den Mund wieder aus. Spüre, wie sich dein Bauch hebt und senkt.“ Erteilen Sie anschließend kurze Bewegungsaufträge, z. B. Kniebeugen machen oder als Hampelmann hüpfen. Oder geben Sie spielerische Anweisungen, die die Kinder mit ihrem Federmäppchen ausführen, z. B.: Lege es auf den Kopf, auf das rechte Knie, unter den Stuhl, auf den gebeugten Rücken, auf den linken Fuß, unter den Tisch oder in den Ranzen.

Die menschliche Atmung

Die Atmung funktioniert bei uns automatisch, ohne dass wir darüber nachdenken müssen. Beim Atmen nehmen wir Sauerstoff aus der Luft auf. Bei Anstrengung oder Aufregung atmen wir schneller.

Beim Einatmen gelangt die Luft mit dem Sauerstoff durch die Nase oder den Mund in die Lunge. In den Lungenbläschen findet die Aufnahme von Sauerstoff ins Blut statt. Das Blut transportiert dann den Sauerstoff durch den ganzen Körper.

Beim Ausatmen wird die verbrauchte Luft (Kohlenstoffdioxid) wieder aus dem Körper transportiert.

Atmen nicht vergessen

Bei diesem „Selbstversuch" erkennen die Kinder, dass ihre Atmung je nach Bewegungsintensität schneller oder langsamer ist. Ein Schulkind atmet unter Ruhebedingungen in der Regel etwa 20- bis 25-mal in der Minute. Bei Anstrengung wird die Atmung schneller und die Zahl der Atemzüge steigt.

Es ist wichtig, dass die Kinder weder besonders schnell noch extra langsam atmen. Achten Sie auf Asthmatiker in der Klasse.

Dicke Luft

Das Thema „Luftverschmutzung" ist auch für Kinder wichtig. Durch die sprachliche und zeichnerische Auseinandersetzung beschäftigen sie sich auf verschiedene Weise mit den Verursachern schlechter Luft. Bei der Arbeit am Plakat formulieren sie selbstständig, wer die Verursacher von Luftverschmutzung sind, und denken darüber nach, was sie selbst bzw. die Allgemeinheit für eine bessere Luft tun können. So wird ihnen bewusst, dass jeder einen kleinen Beitrag leisten kann. Lassen Sie die Ergebnisse anschließend im Klassenverband präsentieren und besprechen Sie diese.

Lösung

Aufgabe 1:

das Motorrad, das Auto, der Auspuff, das Flugzeug, der Schornstein, der Lastwagen, die Fabrik, die Zigarette

Aufgabe 3:

z. B. weniger Auto fahren, mit der Bahn fahren, Strom sparen, das Fahrrad benutzen

Luft, Luft, Luft

Das Suchsel kann in Einzel- oder Partnerarbeit gelöst werden. Besprechen Sie gegebenenfalls vorab die einzelnen Begriffe. Das Wort „Luftpost" kann vereinfacht, z. B. als Brief, dargestellt werden. Weitere Luftwörter können die Kinder in einem Wörterbuch nachschlagen.

Lösung

Aufgabe 1:

L	U	F	T	M	A	T	R	A	T	Z	E	L
H	S	R	K	W	E	B	H	U	K	N	S	U
L	U	F	T	B	L	A	S	E	N	R	Z	F
T	F	L	U	F	T	S	P	R	U	N	G	T
G	S	E	L	U	F	T	P	O	S	T	G	P
W	J	B	R	G	O	S	A	Q	V	O	U	U
D	L	U	F	T	B	A	L	L	O	N	H	M
L	U	F	T	S	C	H	L	A	N	G	E	P
W	F	W	L	S	C	I	G	K	D	I	A	E

Aufgabe 2:

Luftmatratze, Luftblasen, Luftsprung, Luftpost, Luftballon, Luftschlange, Luftpumpe

Aufgabe 3:

z. B. Luftverschmutzung, Lufthauch, Luftikus, Luftmangel, Luftschiff, Luftfahrt, Luftzug, Luftschloss

Weiterführende Anregung

Ein Kind stellt einen Begriff pantomimisch dar oder umschreibt ihn. Die Klasse rät, welches Wort gemeint ist. Wer die Lösung nennt, darf den nächsten Begriff darstellen.

Die Luft ist rein

Die übertragene Bedeutung von Redensarten zu verstehen, ist nicht ganz einfach. Nachdem die Kinder die Kopiervorlage gelöst haben, sollten Sie deshalb die einzelnen Bedeutungen im Klassenverband besprechen. Vielleicht fallen den Kindern weitere Redensarten zum Thema „Luft" ein.

Lösung

Lösungssatz: Wenn du die Aufgabe richtig gelöst hast, kannst du LUFTSPRÜNGE MACHEN.

Der Wind vor dem Richter

Aufgrund der Länge des Gedichts sollten Sie es im 1. Schuljahr vortragen. In der 2. Klasse bietet es sich an, den Text mit verteilten Rollen vorlesen zu lassen. Besprechen Sie mit der Klasse, welche Vor- und Nachteile der Wind hat. Die Argumente für und gegen den Wind können z. B. in einer Pro- und Kontraliste an der Tafel gesammelt werden. Welche Argumente fallen den Kindern noch ein? Sie schreiben ihre Gedanken auf blaue

(pro) und rote (kontra) Karten und hängen diese passend an die Tafel.

Weiterführende Anregung
Da der Wind in dem Gedicht das Weite gesucht hat, verfasst jeder Schüler einen Brief an ihn. Sie schreiben ihm, was sie an ihm mögen und was sie nicht gut finden.

Der Wind, das himmlische Kind
Bei allen positiven Aspekten, die der Wind mit sich bringt, wie z. B. Windenergie, Freizeitaktivitäten wie Segeln, Surfen, Segelflug oder Drachen steigen lassen, birgt der Wind, wenn er zum Sturm wird, auch Gefahren und Risiken, z. B. herumfliegende Gegenstände wie Äste oder Ziegel. Sprechen Sie mit den Kindern darüber, wie man sich verhalten sollte, z. B.: während des Sturms im Haus bleiben, keinen Waldspaziergang machen.

Lösung

Windstille

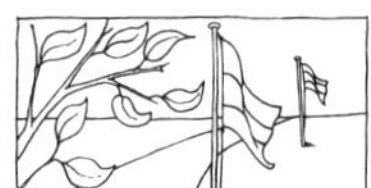
Schwache Brise

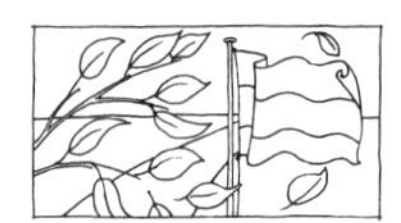
Starker Wind

Stürmischer Wind

Sturm

Orkan

Der Wetterhahn
Zunächst können Sie das Gedicht gemeinsam mit den Schülern lesen. Verstehen sie alles? Wilhelm Buschs Ausdrucksweise ist altertümlich und für manche Kinder sicher schwer verständlich. Besprechen Sie die Aussage des Gedichts. Welches Kind kennt den Trick mit dem nassen Finger? Die Schüler bestimmen außerdem die Richtung, in die die Wetterhähne jeweils zeigen. Indem sie die Wolken ergänzen, beschäftigen sie sich mit der Funktionsweise eines Wetterhahns.

Lösung
Aufgaben 1/2:
5 Wetterhähne zeigen nach rechts. Der Wind kommt hier von rechts.
5 Wetterhähne zeigen nach links. Der Wind kommt hier von links.

Weiterführende Anregungen
- Gedichtvortrag: Lassen Sie die Kinder das Gedicht unterschiedlich vortragen – in verschiedenen Stimmungen, z. B. traurig, wütend, lustig, ängstlich, oder unter bestimmten Bedingungen, z. B. mit Schluckauf, mit zugehaltener Nase, mit tiefer Stimme, mit piepsiger Stimme, durch eine Papierrolle als Sprachrohr.
- Spiel zur Konzentrations-/Wahrnehmungsförderung bzw. Rechts-/Linksunterscheidung: Ein Kind setzt sich mit verbundenen Augen auf einen Stuhl. Ein anderes Kind schleicht leise mit einem Fächer um das Kind herum und fächert ihm aus verschiedenen Richtungen Luft zu. Das sitzende Kind muss erraten, woher die Luft kommt, z. B. von links, rechts, vorn, hinten, oben, unten.

Lieber, bunter Luftballon
Indem die Kinder sich vorstellen, dass sie an dem Ballon hängen, können sie sich leichter ausmalen, was sie aus der Luft alles sehen könnten, z. B. das Schulgebäude, den Spielplatz, ihr Zuhause. Hierbei hilft auch die Fantasiereise (siehe KV Seite 9).

Nutzen Sie das Lied zur Einstimmung auf die jeweilige „Luftstunde“ oder als Abschluss dafür.

Weiterführende Anregungen
- Luftpost: Lassen Sie die Schüler kleine Briefe schreiben und mit der Adresse der Schule versehen. Sie bitten den Empfänger, einen kleinen Gruß an die Klasse zurückzusenden. Die Briefe können an heliumgefüllte Luftballons gehängt und fliegen gelassen werden. Ob wohl eine Antwort zurückkommt?
- Ball in der Luft: Für dieses Spiel benötigen Sie viel Platz. Spielen Sie es deshalb in der Turnhalle oder auf dem Schulhof. Jedes Kind bekommt einen aufgeblasenen und verknoteten Luftballon. Nun müssen die Kinder versuchen, ihren Luftballon so lange wie möglich in der Luft zu halten. Er darf mit dem gesamten Körper gespielt, aber nicht festgehalten werden. Wie lange bleibt der Ballon in der Luft, ohne den Boden zu berühren? Das Spiel ist auch als Partnerspiel geeignet. Achtung: Die Kinder müssen darauf achten, sich nicht gegenseitig zu behindern oder zu stoßen.
- Kreativ mit Chiffontüchern: Chiffontücher sind aufgrund ihres dünnen Stoffs sehr leicht und halten sich lange in der Luft. Daher eignen sie sich gut für einfache Bewegungsspiele. Verschiedenes ist denkbar, z. B.: Die Kinder werfen das Tuch hoch, drehen sich einmal um ihre Achse und fangen das Tuch wieder auf. Sie können auch selbst mit den Tüchern experimentieren oder sogar eine kleine Bewegungsabfolge einstudieren.
- „Luft-Ausstellung“: Stellen Sie im Verlauf der Unterrichtsreihe gemeinsam mit den Kindern eine Ausstellung in Form von Plakaten, Thementischen, kleinen Experimenten usw. zusammen.

Eine luftige Fantasiereise

„Heute machen wir eine Reise ans Meer.
Lege dich bequem hin … schließe deine Augen … atme tief ein und aus …

Es ist ein schöner, warmer Sommertag. Die Sonne strahlt vom blauen Himmel herab. Du liegst bequem auf einer Decke am Strand und bist ganz entspannt. Es geht dir gut. Du liegst auf dem Rücken. Du hörst das Meer rauschen und die Möwen kreischen. Die Wellen kommen und gehen …

Du atmest tief ein und aus. Du merkst dabei, wie sich dein Bauch hebt und senkt. Riechst du das salzige Meer?

Unter deiner Decke spürst du den warmen, weichen Sand. Die Sonne scheint auf dein Gesicht … auf deine Arme … auf deine Beine … auf deinen ganzen Körper … Jetzt weht ein leichter Wind durch deine Haare … über dein Gesicht … über deinen Körper.

Du liegst einfach so da und hörst deinem Atem zu. Beim Einatmen hebt sich dein Bauch … beim Ausatmen senkt sich dein Bauch.

In deinen Gedanken gehst du nun am Strand spazieren. Auf dem Meer siehst du ein Boot. Die weißen Segel bewegen sich im Wind. Du hörst ihr lautes Knattern.

Am blauen Himmel ziehen langsam kleine Wolken vorbei. Du siehst einer Möwe zu, wie sie geschickt durch den Wind gleitet. Wie es wohl dort oben in der Luft ist? Du stellst dir vor, wie du als Möwe durch den blauen Himmel fliegst …

Plötzlich merkst du, wie du ganz leicht wirst. Deine Arme werden zu Flügeln. Mit zwei Flügelschlägen hebst du ab und fliegst über den Strand. Immer höher. Du fühlst dich ganz sicher dabei. Von hier oben sehen die Menschen am Strand ganz klein aus. Du siehst ein Mädchen, dem der Sonnenhut weggeweht wird. Schnell läuft es hinter ihm her, damit er nicht ins Meer segelt.

Zwei Kinder spielen mit einer Frisbeescheibe. Sie werfen die rote Scheibe hin und her. Ein Hund springt bellend zwischen den beiden herum und möchte die Scheibe fangen.

Eine Frau kommt gerade aus dem Wasser. Sie versucht, sich mit ihrem Handtuch abzutrocknen, doch der Wind lässt das Handtuch wie eine Fahne um sie herumflattern.

Du gleitest mit den anderen Möwen geschickt durch die Luft und fühlst dich ganz leicht und frei. Plötzlich hörst du ein leises Knattern. Ein bunter Drachen steigt neben dir hoch in den Himmel auf …

Langsam beendest du deinen Flug. Du segelst herab und landest am Strand. Deine Flügel werden wieder zu Armen. Nun liegst du bequem auf deiner Decke. Du spürst deine Arme … deine Beine … deinen ganzen Körper … Du streckst und räkelst dich und atmest tief ein und aus … Reibe deine Augen und öffne sie langsam … Atme noch einmal tief ein und aus … Du bist zurück im Klassenzimmer.“

Name:

Luft ist überall

Wo zeigt sich hier die Luft? Kreise ein.

Sieh einige Minuten aus dem Fenster. Wo entdeckst du Luft? Schreibe auf.

Name:

Luft mit allen Sinnen

Du kannst Luft eigentlich nicht sehen.
Sie hat keine Farbe und auch keinen Geschmack.
Du kannst die Luft aber wahrnehmen: Du spürst sie zum Beispiel, wenn du einatmest und sich deine Brust hebt.
Puste einmal auf deine Handfläche. Kannst du die Luft fühlen?
Du hörst die Luft, wenn sie die Blätter am Baum rascheln lässt.
Du siehst, wo die Luft ist, wenn sie eine Blume hin und her bewegt.
Und du kannst sie sogar riechen, wenn es beim Bäcker nach frischen Brötchen duftet.

Überlege, wo du überall Luft entdecken kannst. Schreibe auf.

hören

sehen

riechen

fühlen

Name:

Auf der Suche nach der Luft

Wo versteckt sich hier die Luft? Unterstreiche im Text.

„Paula, geh doch raus an die frische Luft! Es ist so schönes Wetter“,
ruft Mama aus dem Wohnzimmer.
„Frische Luft, frische Luft“, denkt Paula brummig.
„Was hat Mama bloß immer mit der frischen Luft?“
Paula zieht ihre Jacke an und geht zum Park. Vielleicht trifft sie dort ihre Freunde.
„Luft, was ist das eigentlich?“, überlegt Paula.
„Und vor allem: Wo ist sie? Sehen kann ich sie nicht.
Und riechen auch nicht. Hier an der Straße stinkt es nur nach Autoabgasen.“
Paula grübelt. Fast stolpert sie dabei über einen Mann,
der gerade seinen Fahrradreifen aufpumpt.
Endlich ist Paula im Park. Ein leichter Wind weht.
Die Äste an den Bäumen wippen auf und ab.
Die ersten Blätter fallen von den Bäumen
und werden davongeweht.
Es riecht nach feuchter Erde und Herbst.
Schon von Weitem sieht sie Max und Anna
auf dem Rasen hin und her laufen.
Sie lassen gerade einen Drachen steigen.
Paula sieht nach oben.
Toll, wie der rote Drachen in den blauen Himmel steigt!
„Hallo, darf ich mitspielen?“, ruft Paula begeistert.
Als Paula sich später wieder auf den Heimweg macht,
hat sie rote Wangen und vom Wind zerzauste Haare.
Sie pfeift fröhlich ein Lied. Das war ein schöner Nachmittag!
Aber der Luft ist sie trotzdem nicht begegnet. Oder doch?

Male den Drachen in der richtigen Farbe an.

Name:

Luft tut gut

Lies den Text.

Überall um uns herum ist Luft. Ohne Luft können wir nicht leben, denn in der Luft ist Sauerstoff. Den atmen wir ein.
Auch Tiere und die meisten Pflanzen könnten ohne Sauerstoff nicht überleben.
Frische Luft ist gesund. Der Sauerstoff in der Luft hilft uns, dass wir besser denken können. Wenn ihr lange Zeit mit vielen Kindern in der Klasse sitzt, wird die Luft immer schlechter. Das heißt, in der Luft ist weniger Sauerstoff.
Ihr werdet müde und lustlos. Deshalb ist es wichtig, dass ihr zwischendurch lüftet, damit frische Luft in eure Klasse kommt. Außerdem tut es euch gut, wenn ihr euch in den Pausen auf dem Schulhof an der frischen Luft bewegt.

Kreuze die richtigen Sätze an. Kreise die Buchstaben dahinter ein. Sie ergeben ein Lösungswort. Schreibe es auf.

- ☐ Menschen und Tiere brauchen Luft zum Leben. **L**
- ☐ Ohne Sauerstoff könnten wir nicht leben. **E**
- ☐ Luft gibt es nur im Wald. **H**
- ☐ In der Luft ist Sauerstoff. **B**
- ☐ Der Sauerstoff ist schlecht für uns. **W**
- ☐ Wir atmen den Sauerstoff ein. **E**
- ☐ Frische Luft ist nicht wichtig für uns. **O**
- ☐ Frische Luft macht krank. **A**
- ☐ Es tut gut, sich an der frischen Luft zu bewegen. **N**

Lösungssatz: Luft ist ______________!

Überlegt gemeinsam, was ihr draußen alles unternehmen könnt. Gestaltet ein Plakat.

an Blumen riechen

im Gras liegen

Wolken beobachten

Luft tut gut

Name:

Atmen nicht vergessen

Atmen kann man eigentlich gar nicht vergessen. Du atmest automatisch, ohne darüber nachzudenken. Ein Erwachsener atmet in der Minute ungefähr zwölf- bis 15-mal ein und aus.
Wie oft atmest du in dieser Zeit? Finde es heraus.

Ihr braucht:

- eine Stoppuhr

So geht's:

1. Stelle dich bequem hin. Atme gleichmäßig durch die Nase ein und aus.
2. Dein Partner stoppt eine Minute. Dabei zählt er leise, wie oft du in dieser Zeit atmest. Zur Kontrolle kannst du in Gedanken mitzählen.
3. Trage das Ergebnis in die Tabelle ein. Tauscht dann eure Rollen.
4. Zählt eure Atemzüge auch nach den verschiedenen Tätigkeiten und tragt eure Ergebnisse in die Tabelle ein. Ergänzt eine eigene Idee.

	Anzahl der Atemzüge von ______	Anzahl der Atemzüge von ______
Ruhig stehen		
Zehn Kniebeugen		
Zwei Minuten auf der Stelle laufen		
Eigene Idee: ______ ______		

Vergleicht die Ergebnisse. Was fällt euch auf?

Name:

Dicke Luft

Kannst du die Wörter lesen, die vom Qualm verdeckt sind?
Schreibe sie auf. Schreibe den passenden Begleiter (der, die, das) dazu.

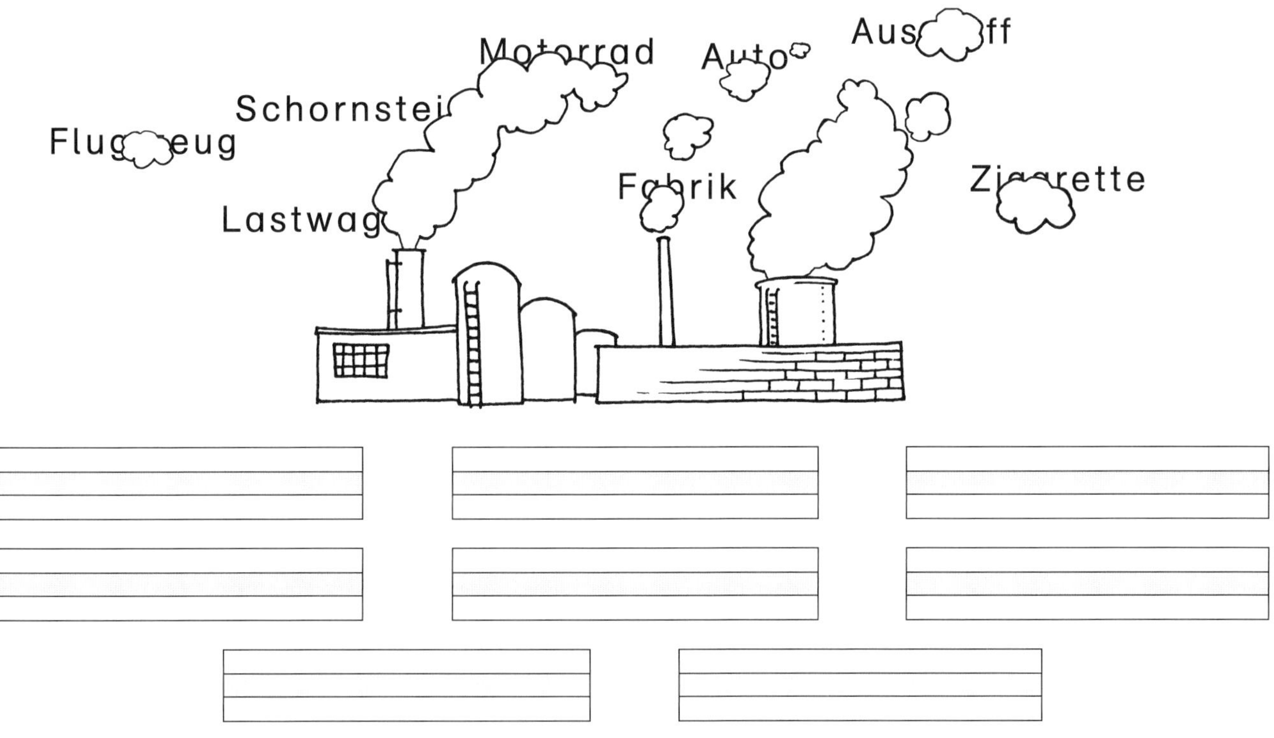

Wähle oben drei Dinge aus und male sie zu den Qualmwolken.

Überlegt gemeinsam: Was könnt ihr für eine bessere Luft tun?
Schreibt eure Ideen auf ein Blatt.

zu Fuß gehen

saubere Luft

Bäume pflanzen

Name:

Luft, Luft, Luft

Hier haben sich sieben Luftwörter versteckt. Male sie an.

L	U	F	T	M	A	T	R	A	T	Z	E	L
H	S	R	K	W	E	B	H	U	K	N	S	U
L	U	F	T	B	L	A	S	E	N	R	Z	F
T	F	L	U	F	T	S	P	R	U	N	G	T
G	S	E	L	U	F	T	P	O	S	T	G	P
W	J	B	R	G	O	S	A	Q	V	O	U	U
D	L	U	F	T	B	A	L	L	O	N	H	M
L	U	F	T	S	C	H	L	A	N	G	E	P
W	F	W	L	S	C	I	G	K	D	I	A	E

Schreibe die Wörter auf die Linien.
Male jeden Begriff in das Kästchen daneben.

Fallen dir weitere Luftwörter ein? Schreibe in dein Heft.

Name:

Die Luft ist rein

Was bedeuten die luftigen Redensarten? Fahre jede Linie farbig nach. Verwende acht verschiedene Farben. Vervollständige den Lösungssatz.

1. Die Luft ist rein.
2. Es herrscht dicke Luft.
3. Bei mir ist die Luft raus.
4. Er geht in die Luft.
5. Das ist aus der Luft gegriffen.
6. Er ist Luft für mich.
7. Jetzt habe ich wieder Luft.
8. Sie hat sich in Luft aufgelöst.

Ich tue so, als ob er nicht da ist. **MA**

Das stimmt überhaupt nicht. **NGE**

Sie ist nicht mehr da. **EN**

Jetzt habe ich wieder Zeit. **CH**

Es herrscht Streit. **FT**

Keiner ist da und sieht uns. **LU**

Er ärgert sich lautstark. **RÜ**

Ich kann nicht mehr. **SP**

Lösungssatz: Wenn du die Aufgabe richtig gelöst hast, kannst du

____ ____ ____ ____ ____ ____ ____ ____.
1 2 3 4 5 6 7 8

Name:

Der Wind vor dem Richter

Richter: Wer hat was gegen den Wind zu klagen?

1. Kläger: Mir hat er ein Fenster entzweigeschlagen.
2. Kläger: Mich packte er wie ein Hund am Rock.
3. Kläger: Mir warf er vom Fenster einen Blumenstock.
4. Kläger: Mir zog er die Wäsche vom Seil auf den Rasen.
5. Kläger: Mir hat er die Zeitung vom Tisch geblasen.
6. Kläger: Mir hat er den Staub ins Gesicht geweht.
7. Kläger: Mir hat er den Regenschirm umgedreht.
8. Kläger: Mir lässt sein Heulen bei Nacht keine Ruh,
er bläst im Kamin und schlägt Läden zu.

Richter: Das sind ja ganz böse Geschichten.
Wer weiß nun was Gutes vom Wind zu berichten?

1. Zeuge: Mir wär ohne Wind noch kein Drachen gestiegen.
2. Zeuge: Auch ich kann ihn brauchen beim Segelfliegen.
3. Zeuge: Er trocknet die Wäsche und trocknet die Erde.
4. Zeuge: Er lenkt doch die Wolken wie der Hund seine Herde.
5. Zeuge: Er ist auch ganz lustig, wenn er spielt mit den Hüten.
6. Zeuge: Und macht er nicht fruchtbar Millionen von Blüten?
7. Zeuge: Auch muss er die Flügel der Windmühlen drehen,
dem Wind soll darum kein Leid geschehen.

Richter: Man bringe den Angeklagten hierher,
dann stelle er sich mal selber zur Wehr.

Diener: Herr Richter, ich suchte im ganzen Haus,
ich glaube, er flog zum Schornstein hinaus.

Richter: Dann ist er freilich nicht mehr zu fassen.
Wir wollen ihn weiterhin blasen lassen.

Oskar Dreher

Der Wind kann viel! Male passende Bilder neben das Gedicht.

Name:

Der Wind, das himmlische Kind

Es gibt verschiedene Windarten. Schneide die Texte und Bilder aus und klebe sie passend zueinander auf ein Blatt.

Windstille Die Luft bewegt sich nicht. Rauch steigt gerade auf. Windstärke 0	
Schwache Brise Die Blätter an den Bäumen bewegen sich leicht. Die Brise hebt eine Fahne an. Windstärke 3	
Starker Wind Große Zweige werden bewegt. Blätter wirbeln umher. Die Fahne flattert im Wind. Windstärke 6	
Stürmischer Wind Große Bäume werden bewegt. Der Wind hat Kraft. Es fällt einem schwer zu gehen. Am besten bleibt man im Haus. Windstärke 8	
Sturm Jetzt wird es gefährlich. Dachziegel können weggerissen werden. Windstärke 9	
Orkan Der Orkan ist so stark, dass er Bäume, Autos und sogar Häuser zerstören kann. Windstärke 12	

Name:

Der Wetterhahn

Wie hat sich sonst so schön der Hahn
auf unserm Turm gedreht.
Und damit jedem kundgetan,
woher der Wind geweht.

Doch seit dem letzen Sturme hat
er keinen rechten Lauf;
er hängt so schief, er ist so matt,
und keiner schaut mehr drauf.

Jetzt leckt man an den Finger halt
und hält ihn hoch geschwind.
Die Seite, wo der Finger kalt,
von daher weht der Wind.

Wilhelm Busch

Kreise die Wetterhähne dieser Seite ein: grün = Wetterhahn zeigt nach links, rot = Wetterhahn zeigt nach rechts. Zähle sie.

☐ Wetterhähne zeigen nach rechts.

☐ Wetterhähne zeigen nach links.

Male zu jedem Wetterhahn den Wind.

Name:

Lieber, bunter Luftballon

Text: Herta Dieckhoff
Melodie: Stephen Janetzko

2. Dicke Wolken ziehn vorbei,
   Sturm bläst stark, die Sicht ist frei.
   Himmel blau, so wie das Meer.
   Ich möcht fliegen immer mehr!

3. Auch die Sonne schaut uns an,
   kommt ein bisschen näher ran.
   Diese Wärme brauchen wir.
   Luftballon, flieg oft mit mir!

4. Ein Erlebnis dieser Flug,
   Luftballon, du fliegst so gut.
   Einmal noch beim nächsten Mal,
   weit hinauf zum Sonnenstrahl.

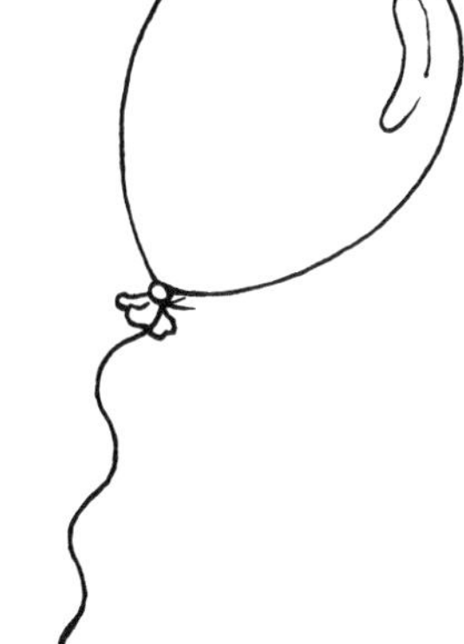

Male, wie du am Luftballon hängst.
Was kannst du aus der Luft alles sehen?

2. Kapitel: Luft erfahren – Experimente

Vorbemerkung

Dass Luft nicht sichtbar ist, stellt für den experimentellen Umgang mit diesem Element eine besondere Herausforderung dar. Denn dass Luft nicht „nichts“ ist, ist für Kinder anfangs schwer vorstellbar. Doch es gibt zahlreiche Versuche, die ihnen die Luft mit ihren verschiedenen Eigenschaften „sichtbar“ und „begreifbar“ machen.

Das Element Luft hat viele Eigenschaften:

- Luft nimmt Platz ein, d. h. sie füllt jeden ihr zur Verfügung stehenden Raum. Luft ist überall.
- Luft hat Gewicht und übt daher Druck aus, den Luftdruck.
- Luft übt Kraft aus. Sie kann dadurch Dinge antreiben, wie z. B. Segelschiffe. Luft bewegt auch große Windmühlen und Windturbinen. So erzeugt bewegte Luft, also Wind, Energie.
- Luft leistet Widerstand. Sie kann dadurch Gegenstände bremsen, wie z. B. Fallschirme.
- Luft trägt. So können Vögel fliegen, und Blütenpollen sowie Pflanzensamen werden in der Natur verteilt. Durch die Tragfähigkeit der Luft können wir auch mit dem Flugzeug fliegen.
- Warme Luft dehnt sich aus und benötigt dadurch mehr Platz. Warme Luft ist leichter als kalte Luft und steigt daher nach oben. Durch diese Eigenschaft können wir z. B. mit dem Heißluftballon fahren.
- Luft transportiert außerdem Gerüche und Geräusche (Schall). Ohne sie gäbe es keine Düfte, Stimmen oder Musik.

Lehrplanbezug

Sachunterricht

- Die Eigenschaften des Elements Luft in Experimenten entdecken und benennen
- Die Bedeutung von Luft für Menschen, Tiere und Pflanzen untersuchen und beschreiben
- Das Naturphänomen Luft erkunden, beobachten, untersuchen und deuten
- Erfahrungen mit Versuchen bzw. Verfahren machen
- Versuche selbstständig planen und durchführen
- Wahrnehmungen in einer bestimmten Form notieren und wiedergeben
- Neu gewonnene Kenntnisse sichern

Deutsch

- Erlesen kurzer Arbeitsaufträge und Anleitungen bzw. Handeln nach Arbeitsaufträgen und Anleitungen
- Einen Sachverhalt verständlich darstellen
- Wahrnehmungen in einer bestimmten Form notieren und wiedergeben
- Lernerfahrungen mitteilen, Sachverhalte zusammenfassen

Zur Durchführung der Experimente

- Je nach Leistungsstand der Kinder können Sie die Experimente vorführen und im Klassenverband besprechen. Idealerweise sollten die Kinder die Versuche jedoch selbstständig ausführen dürfen. Erklärungen werden später im Sitzkreis besprochen.
- Lassen Sie die Experimente möglichst in Partnerarbeit durchführen. So können die Kinder sich gegenseitig unterstützen und austauschen. Halten Sie sie außerdem dazu an, während des Experiments genau hinzusehen und die Veränderungen zu dokumentieren.
- Zur Durchführung können Sie sich „helfende Hände“, z. B. Eltern oder Großeltern, in die Klasse einladen, die die einzelnen Gruppen bei den Experimenten begleiten und unterstützen.
- Die Kinder lernen bei der Beschäftigung mit den Experimenten deren typischen Aufbau kennen, d. h.:
  - Versuchsanleitung und Versuchsaufbau erfassen, Material bereitstellen
  - Vermutungen anstellen und festhalten
  - Versuch durchführen und genau beobachten, eine abschließende Erklärung finden und formulieren
- Die Kinder brauchen für jeden Versuch einen Stift, um ihre Ergebnisse auf dem Arbeitsblatt zu notieren.
- Wichtig ist, dass die Schüler nach der Durchführung der Experimente die Gelegenheit erhalten, ihre Forschungsergebnisse und Schlussfolgerungen mitzuteilen und auszutauschen. So lernen sie, Arbeitsergebnisse zu präsentieren.
- Stellen Sie nach Möglichkeit eine größere, durchsichtige Schüssel zur Verfügung, damit die Kinder bei den Versuchen auch die Vorgänge unter Wasser beobachten können. Idealerweise steht während der gesamten Unterrichtseinheit ein altes Aquarium o. Ä. bereit.

Zu den Kopiervorlagen

KV Seite 28

Ist Luft wirklich nichts?

Wo ist Luft? Diese Frage stellen Kinder häufig. Bereits im ersten Kapitel haben sie sich damit beschäftigt. Damit sie auch handelnd erfahren können, dass überall um uns herum Luft ist, auch wenn man sie nicht sehen kann, führen sie die Experimente durch. Das schrittweise Vorgehen bei einem Versuch wird hier bereits angebahnt, indem die Schüler nacheinander den Ballon aufmalen und zu den einzelnen Schritten schreiben.

Versuchserklärung

Luft ist nicht „nichts". Durch diesen Versuch wird die Luft sichtbar, spürbar und hörbar. Die Kinder blasen den Ballon auf, d. h. sie pusten die Luft aus ihrer Lunge in den Ballon. Weil diese Luft Platz braucht, dehnt sich der Ballon aus. Weil der Ballon unverschlossen bleibt, tritt die Luft wieder aus. Wenn die Kinder den Luftballon dabei unter das Wasser drücken, steigt die Luft in Form von Luftblasen nach oben, weil sie leichter als Wasser ist. Man kann sie sehen und hören, denn die Blasen verdrängen das Wasser.

Weiterführende Anregung

Stellen Sie den Kindern weiteres Versuchsmaterial zur Verfügung, mit dem sie die Luft sichtbar, hörbar und spürbar machen können, wie z. B. Fächer, Luftpumpen, Trinkhalme, große Pappen. Lassen Sie die Kinder damit frei experimentieren. Abschließend können die „Forschungsergebnisse" im Sitzkreis präsentiert und besprochen werden.

Auf Tauchstation

Zur Einstimmung auf diesen Versuch können Sie den Kindern folgenden „Zaubertrick" vorführen. Sie benötigen eine durchsichtige Schüssel mit Wasser, ein Glas und ein Teelicht. Lassen Sie das Teelicht auf dem Wasser schwimmen und zünden Sie es an. Stülpen Sie nun das Glas kopfüber über das brennende Teelicht. Das Glas muss dabei ganz gerade sein. Drücken Sie es vorsichtig unter Wasser. Die Luft im Glas verdrängt das Wasser, sodass das Teelicht trocken bleibt und weiterbrennt. Erst nach einiger Zeit wird das Teelicht erlöschen, da der Sauerstoff im Glas aufgebraucht ist. Lassen Sie die Kinder den „Zaubertrick" beschreiben, Vermutungen anstellen und eine Erklärung suchen. Was ist passiert? Und warum?

Beim anschließenden Versuch „Auf Tauchstation" können die Kinder ihre Beobachtungen und Erkenntnisse praktisch ausprobieren. Die Vorlage „Katze" wird ausgeschnitten und zusammengerollt in das Teelicht gesetzt. Am besten bereiten Sie ein Ansichtsexemplar vor, an dem sich die Schüler orientieren können.

Versuchserklärung

Luft ist unsichtbar, aber trotzdem da. Auch ein leeres Glas ist nicht leer, sondern in ihm ist Luft. Luft nimmt also Platz bzw. Raum ein. Wenn das Glas mit der Öffnung nach unten in das Wasser getaucht wird, ist die Luft eingeschlossen und verdrängt das Wasser. So kann kein Wasser in das Glas eindringen und die Katze bleibt trocken. Wenn man das Glas kippen würde, könnte die Luft aus dem Glas entweichen und würde in Blasen nach oben steigen.

Kräftig pusten

Bei folgendem Versuch ist ein Aha-Erlebnis vorprogrammiert. Die Kinder werden annehmen, dass es problemlos möglich ist, das Papierkügelchen in die Flasche zu pusten. Das wird ihnen jedoch trotz kräftigen Pustens nicht gelingen.

Versuchserklärung

In der Flasche befindet sich Luft. Durch das Pusten wird kurzzeitig mehr Luft in die Flasche gedrückt und der Luftdruck in der Flasche erhöht, sodass er höher als der Außendruck ist. Die Druckverhältnisse versuchen sich auszugleichen. So wird das Papierkügelchen mit der ausströmenden Luft mitgerissen.

Zauberglas

Mit diesem Versuch kann sichtbar gemacht werden, dass wir von Luft umgeben sind. Obwohl uns Luft ganz leicht erscheint, hat sie doch ein Gewicht. Damit übt sie auf alles auf der Erde Druck, den sogenannten Luftdruck, aus. Das wird beispielsweise deutlich, wenn die Kinder an einer Safttüte saugen und diese sich dabei nach innen beult.

Lassen Sie den Versuch mit dem Zauberglas am besten über einem Waschbecken durchführen.

Versuchserklärung

Der Bierdeckel wird vom Luftdruck fest von unten gegen das Glas gepresst. So kann das Wasser nicht auslaufen und es kann keine Luft in das Glas einströmen.

Flaschenballon

Den Kindern wird es nicht gelingen, den Luftballon in der Flasche aufzublasen. Je mehr sie pusten, desto mehr spüren sie die Luft in der Flasche, die einen Gegendruck ausübt.

Nach einiger Zeit können Sie Trinkhalme austeilen. Lassen Sie die Schüler experimentieren, wie die Halme ihnen bei der Lösung der Aufgabe nutzen können. Wenn sie das Bewusstsein dafür haben, dass die Luft in der Flasche das Aufblasen unmöglich macht, werden sie leichter eine Lösung finden. Führen Sie sie gegebenenfalls mit Fragen dorthin.

Versuchserklärung

Die Luft in der Flasche braucht Platz. Da sie nicht entweichen kann, drückt sie gegen den Luftballon. Deshalb kann er nicht aufgeblasen werden.

Steckt man nun einen Trinkhalm neben den Luftballon in die Flasche, kann die Luft entweichen. So hat der Luftballon Platz und kann aufgeblasen werden.

Hat Luft Gewicht?

Mit dieser Luftballonwaage wird den Kindern veranschaulicht, dass Luft ein Gewicht hat. Die Waage wird mit den beiden leeren Luftballons zunächst im Gleichgewicht sein. Wird ein aufgeblasener Ballon an einer Seite aufgehängt, neigt sich dort die Waage. Die Schüler sehen also, dass der aufgeblasene Luftballon schwerer ist.

Versuchserklärung

Im aufgeblasenen Luftballon befindet sich eingeschlossene Luft, die etwas wiegt.

Weiterführende Anregung

Sie können Luft auch mithilfe einer digitalen Waage wiegen lassen. Sie benötigen dafür einen Fußball, der nicht ganz aufgepumpt ist, und eine Ballpumpe. Wiegen Sie gemeinsam mit den Kindern zunächst den nicht ganz aufgepumpten Ball und schreiben Sie das Ergebnis auf. Lassen Sie dann den Ball aufpumpen und wiegen Sie ihn erneut. Vergleichen Sie die Ergebnisse und berechnen Sie die Differenz. Nach dem Aufpumpen wird der Ball schwerer sein.

Luft hat Kraft

Durch freies Experimentieren finden die Schüler einen eigenen Lösungsweg. Aufgrund des beschränkten Materials, das ihnen zur Verfügung steht, können sie leicht zu einem Resultat kommen. Sie malen und schreiben ihr Ergebnis auf. Besprechen Sie diesen Versuch später gemeinsam im Sitzkreis.

Versuchserklärung

Die Kinder legen den nicht aufgeblasenen Luftballon unter den Gegenstand und heben ihn durch das Aufblasen des Ballons an. Da die Luft im Ballon eingeschlossen ist, kann sie den Gegenstand tragen. Mit diesem Prinzip arbeiten auch viele Wagenheber. Die Druckluft schießt dabei in einen Zylinder und hebt so das Auto ohne Mühe hoch.

Die Luftpost ist da

Falls Sie die Luftpost für einige Zeit im Klassenzimmer „installieren" und zum Versenden von Nachrichten nutzen möchten, können Sie die Schnur auch von einer Wand zur anderen spannen. Bedenken Sie dabei, dass die Schnur in erreichbarer Höhe der Kinder hängen muss, aber nicht im Weg sein darf. Es ist wichtig, dass die Schnur straff gespannt ist. Damit der aufgeblasene Luftballon durch die Klammer verschlossen werden kann, muss seine Öffnung erst einige Male zugedreht werden. Besprechen Sie auch das richtige Beschriften einer Postkarte.

Die Kinder werden großen Spaß an dieser Luftpost haben. Sie bietet sich außerdem dafür an, weitere Überlegungen zum Antrieb durch Luft anzustellen. Wie weit fährt die Ballonpost? Im Umkehrschluss kann spekuliert werden, wie groß der Ballon sein muss, damit er eine bestimmte Strecke zurücklegen kann, beispielsweise im Flur oder im Treppenhaus. Wenn die Kinder die beiden Enden festhalten, können sie die Steigung der Schnur verändern. Kann die Post auch „bergauf" fahren?

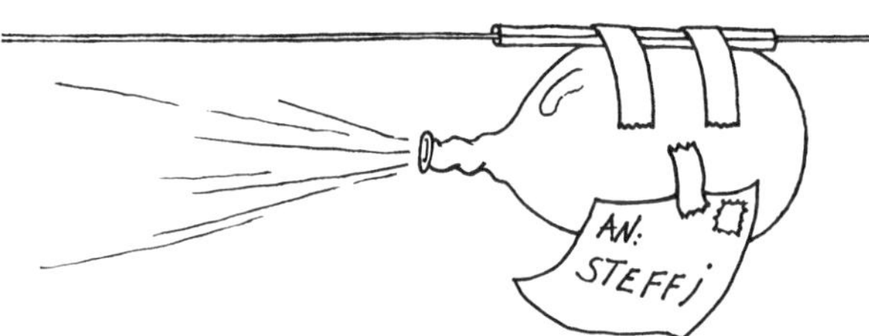

Versuchserklärung

Bei diesem Versuch erfahren die Kinder, dass Luft Kraft besitzt und Gegenstände antreiben kann. Die ausströmende Luft aus dem Luftballon übt als bewegte Luft (Wind) Kraft aus. Durch den Rückstoß wird der Ballon wie eine Rakete nach vorn gedrückt. Dieses Rückstoßprinzip wird nicht nur bei Raketen, sondern auch bei Triebwerken von Flugzeugen genutzt.

Weiterführende Anregungen

- Ein Segelboot: Lassen Sie die Kinder passende Materialien mitbringen, z. B. Styropor, leere Plastikschalen oder Tetrapaks. Stellen Sie Stoffreste und Holzstäbe zur Verfügung. Bereiten Sie auch eine größere Wasserschale vor. Die Schüler bauen frei ein Segelboot. Durch das Basteln der Boote, das anschließende Testen der Funktionstüchtigkeit und den Vergleich der verschiedenen „Bootsmodelle" erfahren die Kinder beispielsweise, wel-

che Eigenschaften die verschiedenen Materialien haben oder wie die Beschaffenheit eines Segels sein sollte, damit das Boot durch Wind genügend Antrieb erhält. Durch Pusten bewegen sich die Boote auf dem Wasser vorwärts. Lässt sich auch die Richtung bestimmen?

- Ein Raketenboot: Dafür wird eine Milchverpackung längs halbiert. Der Ballon liegt in der halben Schale, das Ende zum Aufblasen wird so durch den Ausguss geführt, dass der Ballon dort festklemmt. Wenn er aufgeblasen ist, wird das Boot auf das Wasser gesetzt. Sobald der Ballon losgelassen wird, strömt die Luft aus und treibt das Boot an.

Luftkissenboote
Luftkissenboote, sogenannte „Hovercrafts", erreichen eine Geschwindigkeit von 130 km/h und mehr. Sie werden vor allem auf dem Wasser eingesetzt, funktionieren aber auch auf Sand- und Eisflächen.

Ein Luftkissenboot

Beim Basteln der Luftkissenboote benötigen vor allem die jüngeren Kinder beim Schneiden mit dem Bastelmesser Hilfe von einem Erwachsenen. Bereiten Sie gegebenenfalls die Schalen mit Loch vor.

Das Luftkissenboot lässt sich am besten auf glatten Flächen vorwärtsbewegen. Falls die Puste nicht ausreicht, können die Kinder ihr Boot beispielsweise auch mithilfe eines Föhns antreiben. Wie wäre ein Wettrennen?

Versuchserklärung
Die Luft, die durch den Becher in die Schale geblasen wird, versucht, unter der Verpackung zu entweichen. Dadurch wird das Boot angehoben und es schwebt vorwärts.

Die Luftbremse

Bei diesem Selbstversuch spüren die Kinder den Luftwiderstand am eigenen Körper. Sie müssen beim Laufen mit der Pappe die Luft vor sich herschieben. Dadurch sind sie langsamer als beim Laufen ohne Pappe. Achten Sie darauf, dass die Pappe groß genug ist, damit die Schüler den Luftwiderstand deutlich spüren können.

Versuchserklärung
Durch die Pappe vergrößert sich die Oberfläche der Kinder. Dadurch spüren sie den Luftwiderstand stärker, denn sie müssen beim Vorwärtsgehen mehr Luft verdrängen. Die Luft bremst, wodurch die Läufer langsamer werden. Sie erfahren, dass die Luft durch ihren Widerstand große Kraft ausüben kann.

Weiterführende Anregung
Die Kinder können mit Spielzeugautos ein Autorennen veranstalten und damit die bremsende Wirkung der Luft testen. Sie benötigen dafür zwei baugleiche Spielzeugautos, Bücher, ein großes und ein kleines Stück Pappe und Knetmasse.

Zuerst wird aus den Büchern und der großen Pappe eine Rampe gebaut. Auf einem Auto wird mit Knete die kleine Pappe befestigt. Sie soll quer zur Fahrtrichtung verlaufen, damit sie bremsende Wirkung hat. Die beiden Autos werden dann auf die Rampe gesetzt und gleichzeitig losgelassen. Was passiert? Besprechen Sie gemeinsam die Ergebnisse.

Im freien Fall

Statt der Bastelvorlage können auch andere leichte Gegenstände, z. B. Büroklammern, kleine Holzkugeln oder Knöpfe, an die Fallschirme gehängt und so die Flugeigenschaften getestet werden. Statt der Tüte kann ein Blatt Küchenpapier verwendet werden.

Die Kinder lassen die fertigen Fallschirme von erhöhten Positionen aus fliegen und stoppen die Flugzeiten. Dabei spielen die Windverhältnisse eine Rolle, z. B. im windstillen Treppenhaus oder auf dem windigen Schulhof. Die Schüler werten anschließend gemeinsam aus, unter welchen Bedingungen ihre Fallschirme am besten geflogen sind.

Versuchserklärung
Der Fallschirm wird von der Schwerkraft nach unten gezogen. Dabei strömt die Luft von unten in den Fallschirm, öffnet ihn und drückt gegen ihn. Durch den Luftwiderstand wird der Fallschirm abgebremst. So fällt er nicht herab, sondern schwebt langsam zur Erde.

Was fliegt denn da?

Die Kinder benötigen für dieses Experiment verschiedene Gegenstände und Pflanzenteile, z. B. einen Luftballon, Pflanzensamen von Linde, Ahorn oder Löwenzahn, Federn, Blätter und weitere Dinge, die ihnen einfallen.

Beim freien Experimentieren sollen die Schüler die Flugeigenschaften der Dinge untersuchen und hinterfragen. Dabei erkennen sie den Zusammenhang zwischen den Eigenschaften eines Gegenstands wie Größe, Form, Gewicht, Oberfläche und seinem Flugverhalten.

Weiterführende Anregung
Es bietet sich ein Lerngang in die Natur an. Hier kann mit den Kindern erkundet werden, welche Pflanzen sich durch Samenflug vermehren, z. B. Löwenzahn, Ahorn oder Linde.

Das Flugverhalten von Vögeln und Insekten
Vögel und Insekten haben je nach Größe sehr verschiedene Flugeigenschaften.

Bei Vögeln unterscheidet man grob zwischen dem Ruder- und dem Segelflug. Große Vögel, z. B. Greifvögel und Störche, nutzen den Segelflug für weite Flugstrecken. Viele Greifvögel, Möwen und der Kolibri beherrschen außerdem den sogenannten Rüttelflug, der sie befähigt, in der Luft „auf der Stelle zu stehen".

Insekten zeigen je nach Körperbau ein unterschiedliches Flugverhalten. So kann beispielsweise eine Libelle ihre beiden Flügelpaare unabhängig voneinander bewegen und dadurch abrupte Richtungswechsel vollziehen, in der Luft stehenbleiben und sogar rückwärts fliegen. Kleinere Insekten nutzen beim Schlagflug die entstehenden Wirbel an den Flügelkanten für den Auftrieb. Schmetterlinge können so beispielsweise weite Strecken zurücklegen.

Eine genauere Erklärung, warum Vögel fliegen können, finden Sie im Infokasten „Warum fliegt ein Papierflieger?".

KV Seite 40

Der Traum vom Fliegen
Die Schüler beobachten die Flugeigenschaften von Vögeln und Insekten. Sie versuchen, diese zu benennen und zu charakterisieren. Das ist schwierig und auch sprachlich anspruchsvoll. Klären Sie gegebenenfalls im Klassenzimmer die verschiedenen Flugeigenschaften: schweben, gleiten, flattern usw. Die Kinder können ihre Beobachtungen auch pantomimisch darstellen.

Achten Sie darauf, dass die Insekten nicht gefangen oder angefasst werden.

Warum fliegt ein Papierflieger?
Ein Papierflieger funktioniert nach demselben Prinzip, nach dem Vögel oder Flugzeuge fliegen können. Die Form der Flügel und ihre leichte Neigung nach oben sorgen für den Auftrieb. Diese beiden Faktoren bestimmen, wie die Luft um den Flügel strömt. Über der Tragfläche des Flugzeugs fließt die Luft schneller als unter ihr. Durch die höhere Strömungsgeschwindigkeit ergibt sich oben nach dem sogenannten „Bernoulli-Effekt" ein geringerer Luftdruck, während unter der Tragfläche ein erhöhter Luftdruck herrscht. Dadurch wird die Tragfläche nach oben „gesaugt". So entsteht der Auftrieb, der das Flugzeug, den Vogel oder eben den Papierflieger in der Luft hält.

KV Seite 41

Flotter Flieger (1)
Auf den folgenden vier Seiten werden verschiedene Flugobjekte vorgestellt. Die Kinder können diese basteln und ausprobieren. Automatisch werden sie die Unterschiede in der Bauweise und im Flugverhalten der einzelnen Flieger bemerken. Besonders Papierflugzeuge animieren dazu, durch besondere Faltungen ein besseres Flugverhalten zu erreichen. Die Flugrekorde motivieren dazu, den eigenen Flieger besonders flugtauglich zu machen. Für das Basteln der Papierflieger reicht gewöhnliches DIN-A4-Papier. Im Internet finden Sie weitere Faltanleitungen für verschiedenste Papierflieger, z. B. unter *www.zzzebra.de* oder *www.spielkeks.de.*

KV Seite 42

Flotter Flieger (2)
Für den Drachen können die Kinder die Kopiervorlage benutzen. Sie können aber auch ein buntes DIN-A4-Papier verwenden. Auf dieses müssen sie die Ecken dann mit den richtigen Maßen übertragen.

Flotter Flieger (3)
Die Ringe des „Flotten Fliegers" müssen nicht unbedingt die hier vorgegebenen Maße haben. Wichtig ist nur, dass sie unterschiedlich groß sind und jeweils am Ende des Trinkhalms befestigt werden.

Versuchserklärung
Der „Flotte Flieger" kann deshalb durch die Luft gleiten, weil sich der Luftstrom über den Ringen schneller als unter ihnen bewegt. Dadurch entsteht ein Druckunterschied (siehe auch Infokasten „Warum fliegt ein Papierflieger?"). Er verleiht dem Flieger Stabilität, solange er durch den Wurf genügend Geschwindigkeit hat.

Flotter Flieger (4)
Wenn der „Flotte Flieger" hochgeworfen wird, wirbelt er wie ein Propeller durch die Luft. In der Natur gibt es Samen, z. B. vom Ahorn oder von der Linde, die ähnlich durch die Luft fliegen.

Der Heißluftballon

Der Heißluftballon ist das älteste Luftfahrzeug des Menschen. Er funktioniert nach dem archimedischen Prinzip. Das Gewicht des Heißluftballons wird verringert, indem die Ballonhülle mit warmer Luft gefüllt wird. Somit ist das Gesamtgewicht des Ballons geringer als das Gewicht der kälteren Außenluft, die er verdrängt. Der Ballon bekommt Auftrieb. Aufgrund dieses statischen Auftriebs fliegt der Ballon technisch gesehen nicht, sondern er fährt: Fluggeräte, die leichter sind als Luft, „fahren", während Fluggeräte, die schwerer sind als Luft, „fliegen".

Es ist nicht möglich, einen Heißluftballon direkt zu steuern. Die Fahrtrichtung und -geschwindigkeit lässt sich nur indirekt durch die Ausnutzung des Windes beeinflussen.

Nur heiße Luft?

Bei diesem Versuch erfahren die Kinder beispielhaft, wie ein Heißluftballon Auftrieb erhält. Lassen Sie für die Bastelarbeit runde Käseschachteln sammeln. Der Boden lässt sich einfach aus der Schachtel lösen und die Umrandung kann dann als Ring genutzt werden.

Versuchserklärung

Die warme Luft aus dem Föhn dehnt sich aus und braucht dadurch mehr Platz. Deshalb ist sie leichter als die kalte Umgebungsluft und steigt nach oben. Die Tüte bläht sich wie die Ballonhülle eines Heißluftballons auf und steigt nach oben. Die warme Luft trägt sie. Kühlt die Luft in der Tüte ab, sinkt die Tüte wieder.

Weiterführende Anregung

Folgender Versuch verdeutlicht anschaulich, dass warme Luft mehr Platz benötigt als kalte. Dafür brauchen Sie einen aufgeblasenen Luftballon und ein Maßband. Der Luftballon wird auf eine warme Heizung oder in die Sonne gelegt, damit sich die Luft darin erwärmt. Dann wird der Umfang des Ballons gemessen. Nun wird er in den Kühlschrank oder nach draußen gelegt. Die Luft im Ballon kühlt ab. Messen Sie wieder den Umfang. Sie werden feststellen, dass der Umfang des Ballons mit der warmen Luft größer ist als mit der kalten.

Die verzauberte Münze

Sie können den Zaubertrick auch der gesamten Klasse vorführen und gemeinsam besprechen, warum die Münze zu klappern beginnt. Sammeln Sie mit den Kindern vor dem Schreiben des Zauberspruchs typische Zauberwörter und schreiben Sie diese als Hilfe an die Tafel. Differenzierend können Sie bereits Reimpaare bilden. Oder Sie lassen den Kindern die Wahl, ob sich ihr Zauberspruch reimen soll oder nicht.

Versuchserklärung

Die Münze beginnt zu klappern, weil die kalte Luft in der Flasche durch die Körperwärme der Hände erwärmt wird. Die warme Luft dehnt sich aus und drückt gegen die Münze. Da der Flaschenhals angefeuchtet ist, haftet die Münze an der Flaschenöffnung. Die Luft kann also zunächst nicht entweichen. Nach einiger Zeit wird der Luftdruck in der Flasche jedoch so hoch, dass die Luft die Münze anheben und hinausströmen kann. So hebt und senkt sich die Münze und beginnt zu klappern.

Ein duftes Spiel

Für das Duftspiel benötigen Sie sieben Döschen, z. B. leere Filmdöschen. Nummerieren Sie diese mit kleinen Aufklebern von 1 bis 7. Schreiben Sie auf den Boden der Döschen, welche Geruchsproben sich darin befinden: 1 = Zwiebel, 2 = Tee, 3 = Seife, 4 = Banane, 5 = Apfel, 6 = Essig, 7 = Kaffee. Sie können Duftöle oder Flüssigkeiten auf Watte träufeln oder die Duftproben direkt einfüllen. Nachdem Sie die Geruchsproben in die Döschen gefüllt haben, verschließen Sie sie am besten mit kleinen Stoffresten und einem Gummiband. So können die Kinder daran riechen, ohne zu sehen, was sich darin befindet.

Lösung

Aufgabe 1:
Lösungssatz: EIN BESONDERER DUFT LIEGT IN DER LUFT!

Name:

Ist Luft wirklich nichts?

Versucht, Luft sichtbar zu machen.

Ihr braucht:

- einen Luftballon
- eine Schüssel mit Wasser

So geht's:

1. Malt den Ballon, bevor ihr ihn aufblast.
2. Blast den Ballon auf und knotet ihn nicht zu. Haltet ihn gut fest. Malt ihn.

Der Ballon vor dem Aufblasen	Der Ballon nach dem Aufblasen

3. Was ist nun in dem Ballon? Schreibt es hinein.
4. Wie könnt ihr mit dem Ballon und der Schüssel Wasser die Luft sichtbar machen? Probiert es aus.
5. Malt auf und beschreibt, was passiert ist.

Name:

Auf Tauchstation

Katzen mögen kein Wasser.
Schafft ihr es, dass die Katze unter Wasser nicht nass wird?

Ihr braucht:

- eine Schere
- ein leeres Teelichtschälchen
- eine tiefe Schüssel mit Wasser
- ein Glas

So geht's:

1. Schneidet die Bastelvorlage aus. Setzt sie in das Teelichtschälchen.
2. Lasst das Schälchen auf dem Wasser in der Schüssel schwimmen.
3. Wie könnt ihr die Katze unter Wasser bringen, ohne dass sie nass wird? Probiert es aus. Nehmt das Glas zu Hilfe.
4. Malt auf und beschreibt, was ihr gemacht habt.

Name:

Kräftig pusten

Habt ihr genügend Puste?

Ihr braucht:

- eine leere Plastikflasche
- ein Papierkügelchen

So geht's:

1. Legt die Flasche vor euch hin.
   Schiebt das Papierkügelchen in den Flaschenhals.

2. Entscheidet und kreuzt an: Könnt ihr das Papierkügelchen in die Flasche pusten?

☐ Ja, wir können das Papier in die Flasche pusten.
☐ Nein, wir können es nicht in die Flasche pusten.

3. Versucht, das Papierkügelchen in die Flasche zu pusten.
   Was passiert? Malt auf und beschreibt es.

Name:

Zauberglas

Lirum, larum, was ist das? – Ein verblüffendes Zauberglas!

Ihr braucht:

- ein Glas mit Wasser
- einen Bierdeckel, eine Postkarte oder Ähnliches

So geht's:

1. Legt den Bierdeckel auf das Glas mit Wasser.

2. Dreht dann das Glas um. Haltet dabei den Bierdeckel fest.
3. Vermutet zuerst: Was passiert, wenn ihr den Bierdeckel nun loslasst? Schreibt auf.

4. Lasst den Bierdeckel los. Was passiert? Malt und schreibt auf.

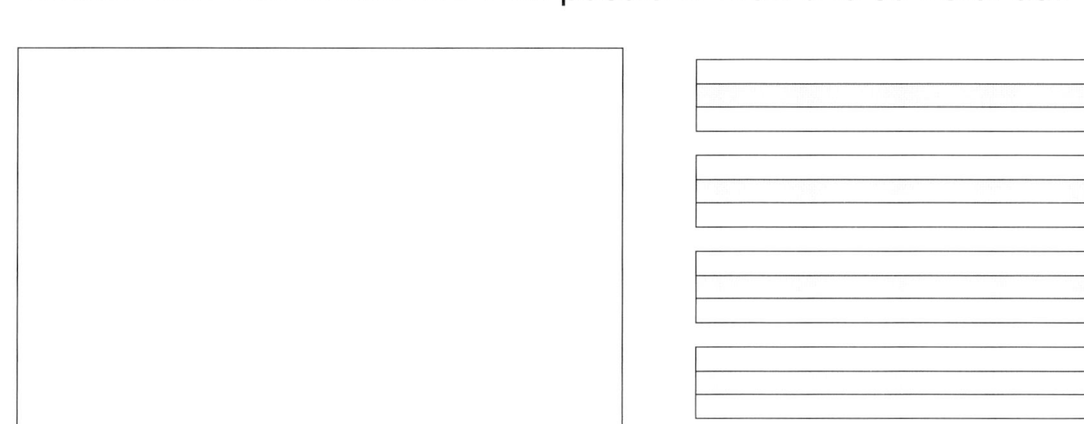

Name:

Flaschenballon

Könnt ihr einen Luftballon in einer Flasche aufblasen?

Ihr braucht:

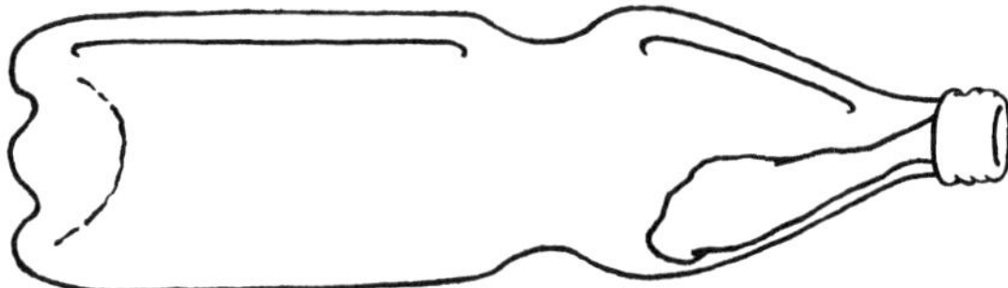

- einen Luftballon
- eine durchsichtige Plastikflasche

So geht's:

1. Blast den Luftballon mehrmals auf und lasst die Luft langsam wieder entweichen. So lässt er sich später leichter aufblasen.

2. Steckt den Luftballon in die Flasche.
   Stülpt die Ballonöffnung über den Flaschenrand.

3. Vermutet, was passieren wird. Kreuzt an.

☐ Der Luftballon kann in der Flasche nicht aufgeblasen werden.

☐ Der Luftballon wird beim Aufblasen so groß wie die Flasche.

4. Versucht nun, den Luftballon aufzublasen. Was passiert? Schreibt es auf.

5. Wie sieht der Luftballon in der Flasche aus? Malt ihn in die Flasche.

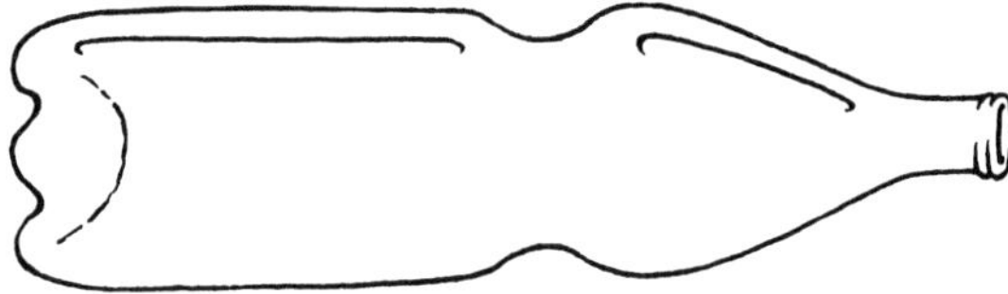

6. Warum sieht der Luftballon so aus? Versucht, das Ergebnis zu erklären.

Name:

Hat Luft Gewicht?

Luft kannst du nicht sehen. Hat sie trotzdem ein Gewicht?

Ihr braucht:

- einen Trinkhalm
- Bindfaden und Schere
- zwei Luftballons

So geht's:

1. Bindet in die Mitte des Trinkhalms ein längeres Stück Faden. Der Trinkhalm muss im Gleichwicht sein, also ganz gerade am Faden hängen.

2. Bindet dann an beide Seiten des Trinkhalms jeweils einen leeren Luftballon. Beschriftet die Zeichnung.

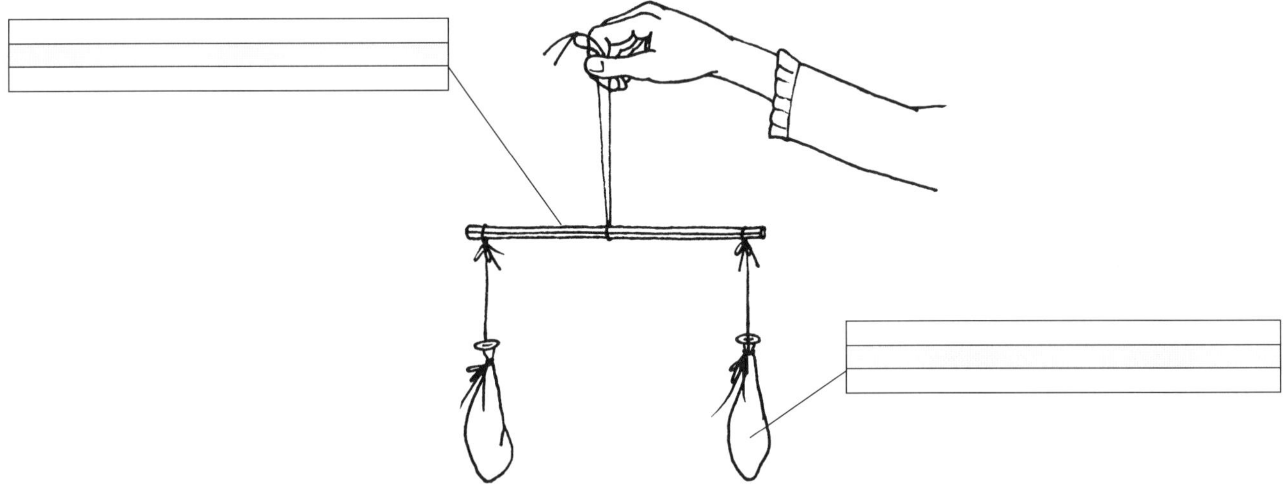

3. Nehmt anschließend einen Ballon ab uns blast ihn auf. Hängt ihn wieder an den Trinkhalm. Was passiert? Warum wohl? Malt und schreibt auf.

Name:

Luft hat Kraft

Man kann die Kraft der Luft nutzen, um etwas anzuheben.

Ihr braucht:

- einen Luftballon
- ein Buch oder ein großes Spielzeugauto

So geht's:

1. Blast den Luftballon mehrmals auf und lasst die Luft langsam wieder entweichen. So lässt er sich später leichter aufblasen.

2. Probiert nun aus, wie ihr mithilfe des Ballons ein Buch oder ein Spielzeugauto anheben könnt. Malt und schreibt eure Ergebnisse auf.

3. Wie ist das möglich? Schreibt eine Erklärung auf.

Name:

Die Luftpost ist da

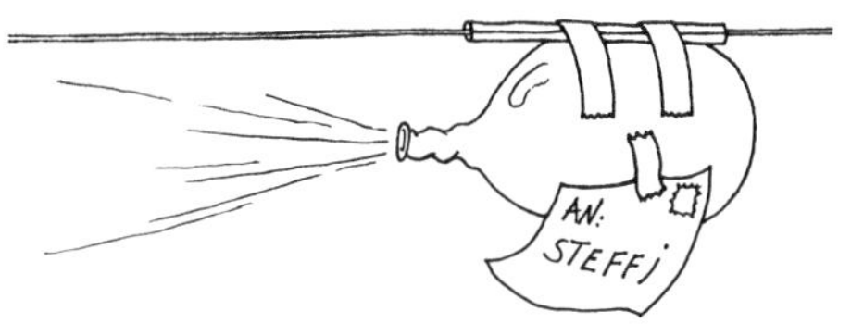

Ihr braucht:

- eine lange Schnur (sie muss gut durch den Trinkhalm passen)
- einen Trinkhalm
- einen Luftballon
- eine Wäscheklammer
- Klebeband

So geht's:

1. Fädelt die Schnur durch den Trinkhalm.
2. Befestigt die Schnur so zwischen zwei Gegenständen, dass sie straff gespannt ist. Zwei Kinder können die Schnur auch an den Enden festhalten.
3. Blast den Luftballon auf und verschließt ihn mit der Wäscheklammer.
4. Klebt den Luftballon mit dem Klebeband an den Trinkhalm.
   Schiebt den Ballon an den Anfang der Schnur.
   Die Öffnung mit der Wäscheklammer ist hinten.
5. Was wird passieren, wenn ihr die Wäscheklammer löst?
   Schreibt eure Vermutung auf.

6. Löst die Wäscheklammer. Was passiert? Schreibt auf.

Die Luft

Der Ballon

Schneidet die Karte aus und schreibt eine Botschaft auf die Rückseite. Schickt euch gegenseitig Luftpost zu.

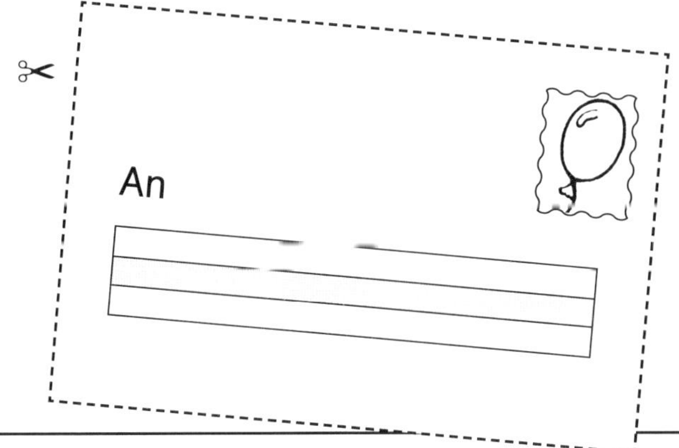

Name:

Ein Luftkissenboot

Lasst euch beim Schneiden von einem Erwachsenen helfen!

Ihr braucht:

- eine Plastikschale ohne Löcher, z. B. von einer Obstverpackung
- einen Plastikbecher
- einen Folienschreiber oder Permanentmarker
- ein Bastelmesser

So geht's:

1. Stellt die Plastikschale mit der Öffnung nach unten vor euch hin. Stellt den Plastikbecher auf die Schale. Umfahrt den Boden des Bechers mit dem Stift. Schneidet den aufgezeichneten Kreis aus der Schale aus.

2. Schneidet aus dem Becher den Boden heraus.

3. Steckt den Becher in das Loch in der Schale.

4. Blast von oben in den Becher. Was passiert? Schreibt es auf.

5. Versucht zu erklären, was passiert. Malt.

Name:

Die Luftbremse

Ihr braucht:

- ein Stück Kreide
- eine große, stabile Pappe
- eine Stoppuhr

So geht's:

1. Suche dir einen Partner, der etwa genauso schnell laufen kann wie du.
2. Zeichnet auf den Schulhof eine Startlinie und etwa 50 große Schritte entfernt eine Ziellinie.
3. Einer läuft die Strecke zuerst: einmal ohne Pappe und einmal mit. Das andere Kind stoppt beide Male die Zeit und trägt sie unten in die Tabelle ein. Tauscht danach.

Name	Gestoppte Zeit ohne Pappe	Gestoppte Zeit mit Pappe

4. Vergleicht die Zeiten ohne und mit Pappe. Was fällt euch auf? Schreibt auf.

5. Wie hat es sich angefühlt, ohne und mit Pappe zu laufen? Schreibt auf.

ohne Pappe:

mit Pappe:

6. Wie müsst ihr die Pappe halten, damit sie euch beim Laufen nicht so stark bremst? Probiert aus.

Name:

Im freien Fall

Ein Fallschirmspringer kann aus großer Höhe aus dem Flugzeug springen.
Sein Fallschirm bringt ihn sicher auf die Erde.

Ihr braucht:

- Buntstifte, Schere, Klebstoff
- ein Stück dünne Pappe
- eine dicke Nadel
- eine Tüte
- ein Lineal
- Bindfaden
- eine Stoppuhr

So geht's:

1. Malt die Vorlage bunt an. Schneidet sie grob aus und faltet sie an der Linie. Klebt das Stück Pappe dazwischen.
2. Schneidet die Vorlage genau aus. Bohrt ein Loch hindurch. Lasst euch von einem Erwachsenen dabei helfen.
3. Schneidet aus der Tüte ein Quadrat aus. Jede Seite ist 25 cm lang.
4. Schneidet vier Fäden ab. Sie sollen jeweils 20 cm lang sein. Knotet sie an die vier Ecken der Tüte.
5. Knotet die losen Enden der Fäden zusammen und fädelt die Schnüre durch das Loch in der Bastelvorlage. Knotet sie fest.
6. Stellt euch auf einen Stuhl und lasst den Fallschirm fliegen.

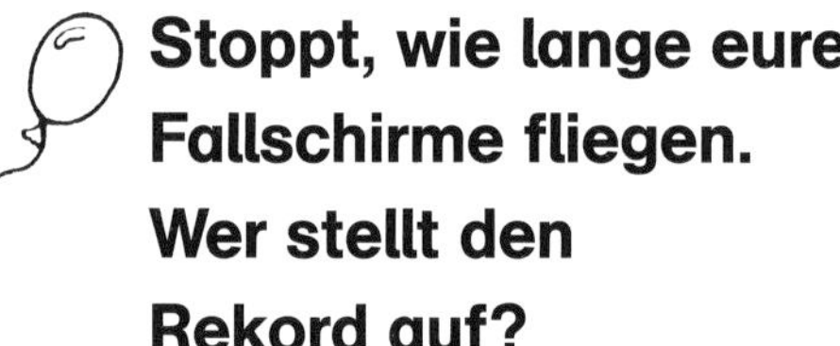

Stoppt, wie lange eure Fallschirme fliegen. Wer stellt den Rekord auf?

Name:

Was fliegt denn da?

Fliegen ist nicht gleich Fliegen. So unterschiedlich Dinge aussehen, so verschieden bewegen sie sich durch die Luft. Probiert es aus.

Ihr braucht:

- verschiedene Dinge, die ihr fliegen lassen könnt (siehe Tabelle)
- eine Stoppuhr

So geht's:

1. Lasst die Gegenstände jeweils aus derselben Höhe einfach fallen. Stoppt die Zeit, bis sie am Boden ankommen.

2. Beobachtet genau, wie die Dinge fliegen. Notiert eure Beobachtungen.

schweben | fallen | wirbeln | gleiten | schaukeln | flattern
steigen | segeln | sinken | drehen | sausen

Gegenstand	Flugweise	Wie lange dauerte der Flug?
Federball		
Tischtennisball		
Samen vom Ahorn		
Feder		

3. Vergleicht eure Ergebnisse. Welcher Gegenstand fliegt besser, welcher schlechter? Warum ist das wohl so? Sprecht darüber.

Name:

Der Traum vom Fliegen

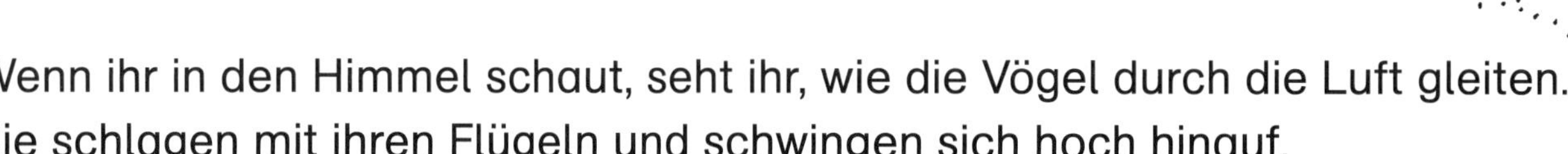

Wenn ihr in den Himmel schaut, seht ihr, wie die Vögel durch die Luft gleiten. Sie schlagen mit ihren Flügeln und schwingen sich hoch hinauf. Auch Insekten wie Schmetterling, Käfer und Libelle schwirren durch die Luft. Beobachtet die Flugkünstler draußen in der Natur.

So geht's:

1. Geht in einen Garten oder Park und beobachtet Vögel und Insekten beim Fliegen.
2. Schreibt eure Beobachtungen in die Tabelle.

Hummel | Amsel | Schwalbe | Elster

Schmetterling | Biene | Krähe | Marienkäfer

Welches Tier hast du beobachtet? Male und/oder schreibe.	Wie fliegt es? Schreibe auf.

3. Sprecht anschließend über eure Beobachtungen. Welches Tier fliegt besonders schnell? Welches fliegt auf eine besondere Weise?

Name:

Flotter Flieger (1)

Bastelt verschiedene Papierflieger und probiert aus, wie sie fliegen.

Ihr braucht:

- jeweils ein Blatt Papier
- eine Stoppuhr
- ein Maßband

So geht's:

1. Bastelt einen Papierflieger nach Anleitung.

① Papier in der Mitte falten

② Papier wieder auffalten

③ Ecken falten

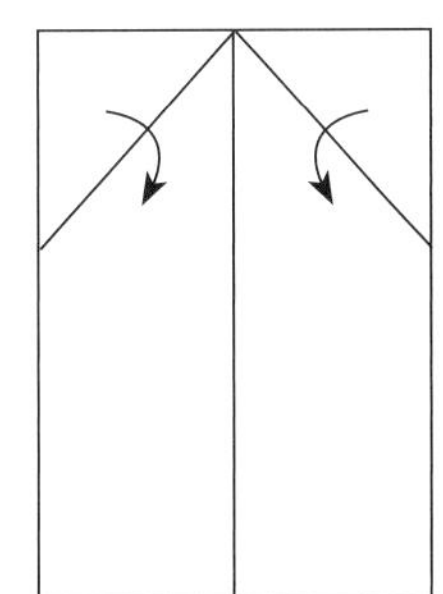

④ Ecken falten

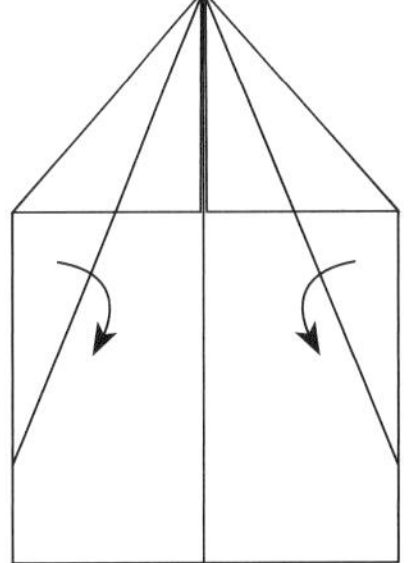

⑤ Flieger zusammenfalten

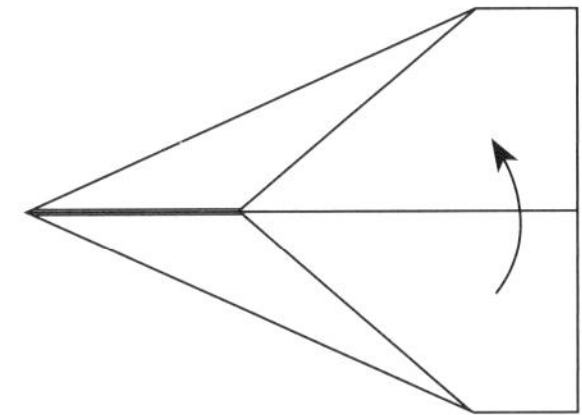

⑥ Flügel herunterfalten

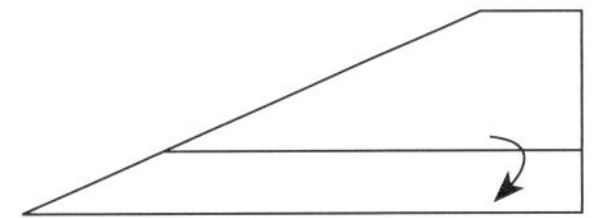

Papierflieger-Rekorde
Flugdauer: fast eine halbe Minute
Flugweite: fast 60 m

2. Stellt Flugrekorde auf. Stoppt jeweils, wie lange eure Papierflieger fliegen. Messt nach, wie weit sie geflogen sind. Haltet eure Messergebnisse in der Tabelle fest.

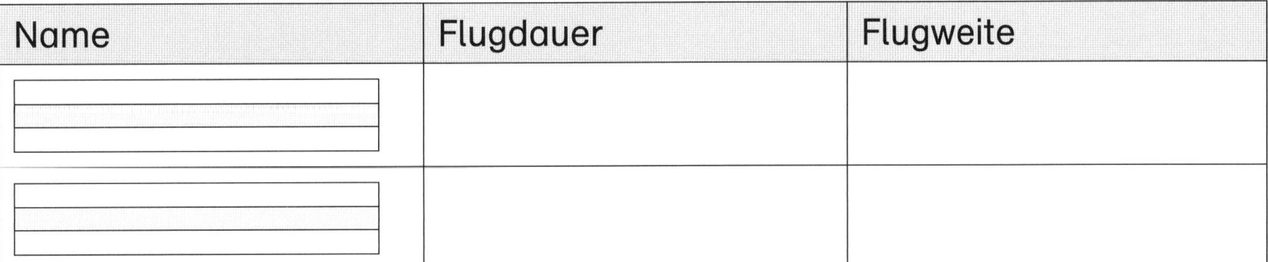

Name	Flugdauer	Flugweite

Flotter Flieger (2)

6 cm

6 cm

Hier Fadenende festkleben

Hier Fadenende festkleben

Ihr braucht:

- eine Schere
- Buntstifte
- einen dünnen Faden
- ein Maßband
- Klebeband
- Krepppapier

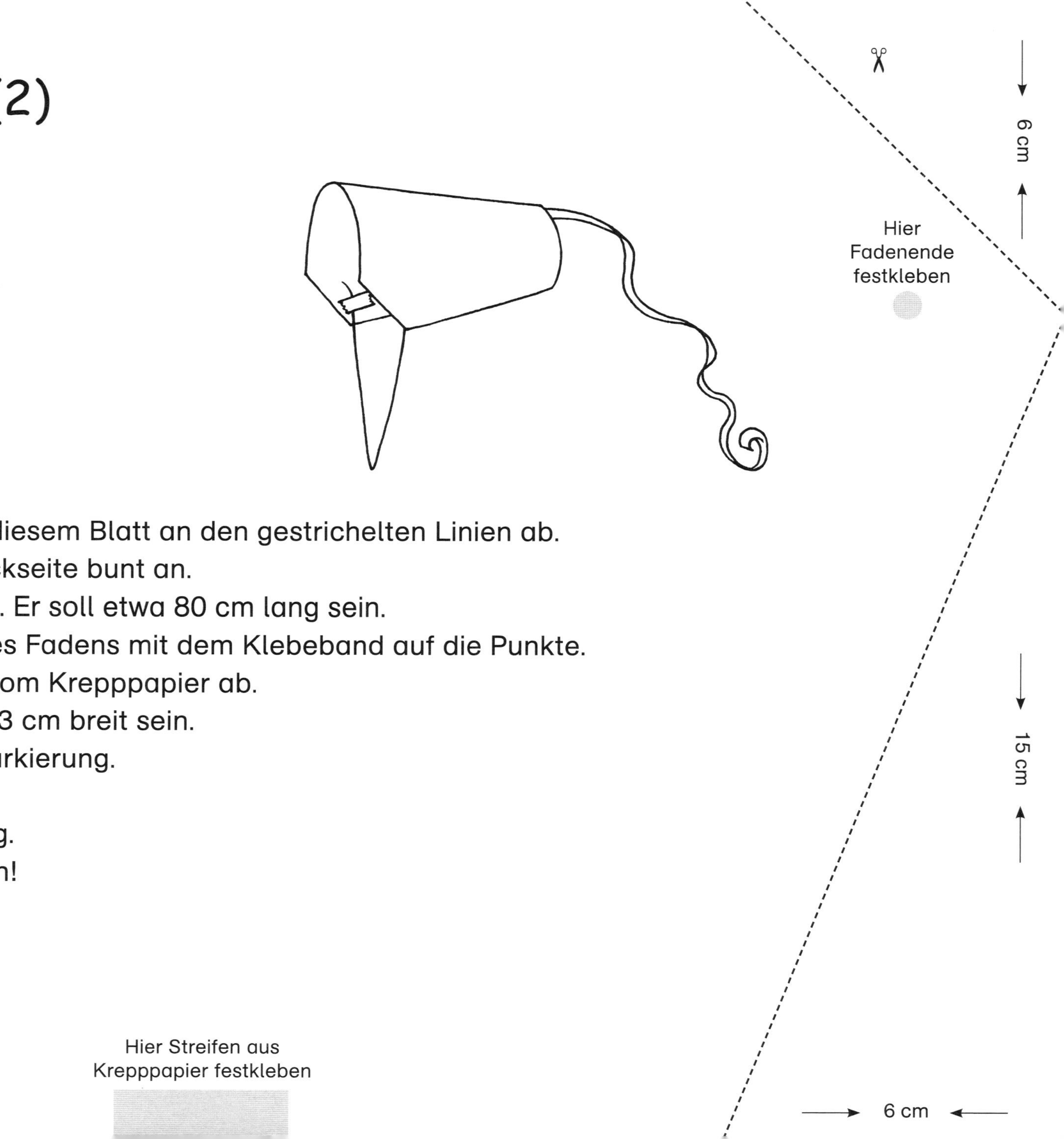

So geht's:

1. Schneidet die Ecken von diesem Blatt an den gestrichelten Linien ab.
2. Malt das Blatt auf der Rückseite bunt an.
3. Schneidet einen Faden ab. Er soll etwa 80 cm lang sein.
   Klebt die beiden Enden des Fadens mit dem Klebeband auf die Punkte.
4. Schneidet einen Streifen vom Krepppapier ab.
   Er soll etwa 2 m lang und 3 cm breit sein.
   Klebt ihn auf die graue Markierung.

Schon ist euer Drachen fertig.
Viel Spaß beim Fliegenlassen!

15 cm

15 cm

Hier Streifen aus Krepppapier festkleben

6 cm

6 cm

Name:

Flotter Flieger (3)

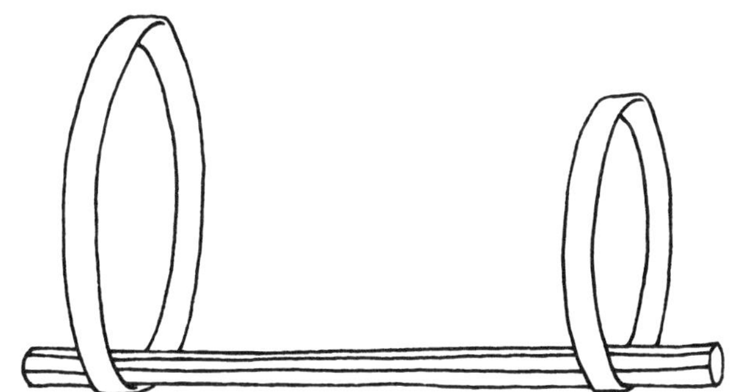

Ihr braucht:

- dünne Pappe
- eine Schere
- ein Lineal
- ein Heftgerät
- einen Trinkhalm
- Klebeband

So geht's:

1. Schneidet aus der Pappe zwei Streifen aus:
   - Der erste Streifen soll 36 cm lang und 2 cm breit sein.
   - Der zweite Streifen soll 26 cm lang und 2 cm breit sein.

2. Heftet die Streifen zu zwei Ringen zusammen.

3. Klebt an jedes Ende des Trinkhalms einen Ring.
   Klebt sie jeweils auf die gleiche Seite des Halms.

4. Werft den flotten Flieger. Was passiert? Schreibt auf.

Name:

Flotter Flieger (4)

Ihr braucht:

- Buntstifte
- eine Schere

So geht's:

1. Malt die Bastelvorlage bunt an.

2. Schneidet die Vorlage aus.
   Schneidet sie an den gestrichelten Linien ein.

3. Fügt die Vorlage an den eingeschnittenen Linien zusammen.

4. Werft den flotten Flieger. Was passiert? Schreibt auf.

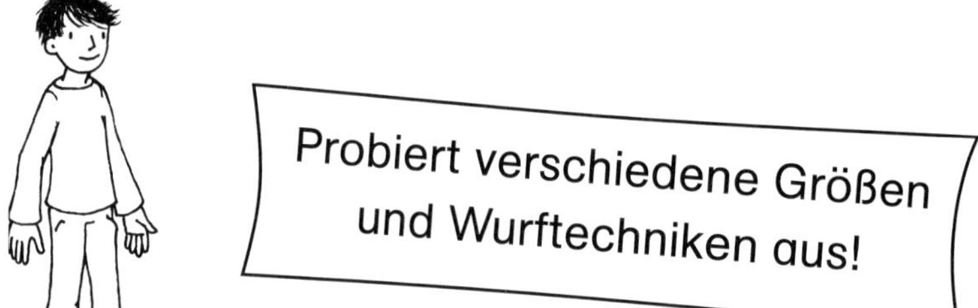

✂

Name:

Nur heiße Luft?

Wie funktioniert eigentlich ein Heißluftballon?

Bevor ein Heißluftballon startet, wird ein Gasbrenner angezündet. Dadurch steigt heiße Luft in die Ballonhülle und bläht sie auf. Ist der Ballon prall gefüllt, werden die Leinen gelöst.

Der Ballon kann aufsteigen, weil die heiße Luft in seinem Inneren leichter ist als die kältere Luft, die sich außen befindet. Wenn die Luft im Ballon abkühlt, sinkt er wieder.

Lasst einen Heißluftballon steigen.

Ihr braucht:

- dünne Pappe
- ein Lineal oder Maßband
- eine Schere
- Klebeband
- eine dünne Mülltüte
- einen Föhn

So geht's:

1. Schneidet einen Pappstreifen ab. Er soll etwa 36 cm lang und 3 cm breit sein. Klebt ihn zu einem Ring zusammen.
2. Befestigt dann die Tüte rund um den Ring.
3. Blast mit dem Föhn warme Luft in die Tüte. Was passiert? Malt und schreibt auf.

4. Warum kann ein Heißluftballon aufsteigen? Schreibe einen Satz auf.

Name:

Die verzauberte Münze

Ihr braucht:

- eine leere Glasflasche
- einen Kühlschrank
- etwas Wasser
- eine Fünf-Cent-Münze

So geht's:

1. Stellt die Glasflasche am besten über Nacht in den Kühlschrank.
2. Holt die kalte Flasche aus dem Kühlschrank.
   Feuchtet den Rand des Flaschenhalses ein wenig mit Wasser an.
3. Legt die Münze auf den Rand. Umfasst die Flasche mit beiden Händen und wartet. Was passiert nach kurzer Zeit? Malt und schreibt auf.

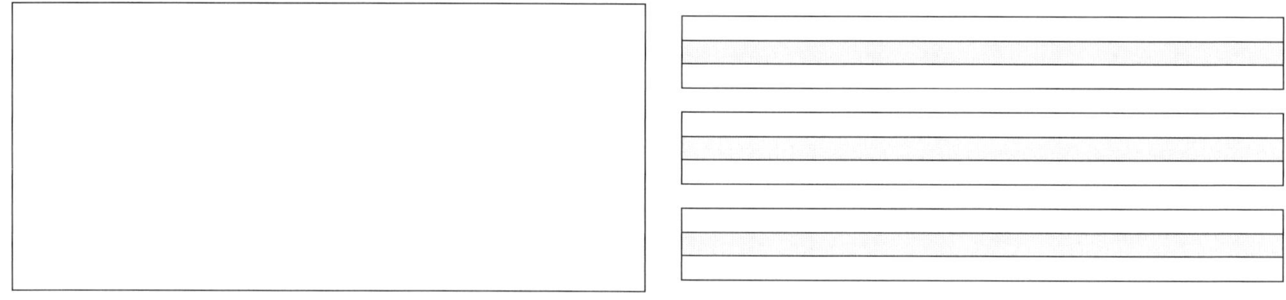

Führt den Trick mit der „verzauberten Münze" eurer Familie oder euren Freunden vor. Denkt euch dafür einen passenden Zauberspruch aus.

Name:

Ein duftes Spiel

Ohne Luft könnten wir nichts riechen. Luft transportiert Gerüche.

Rieche an den Duftproben. Schreibe den Geruch zu den Döschen auf der linken Seite. Verbinde dann jeweils mit dem richtigen Döschen auf der rechten Seite. Ergänze den Lösungssatz.

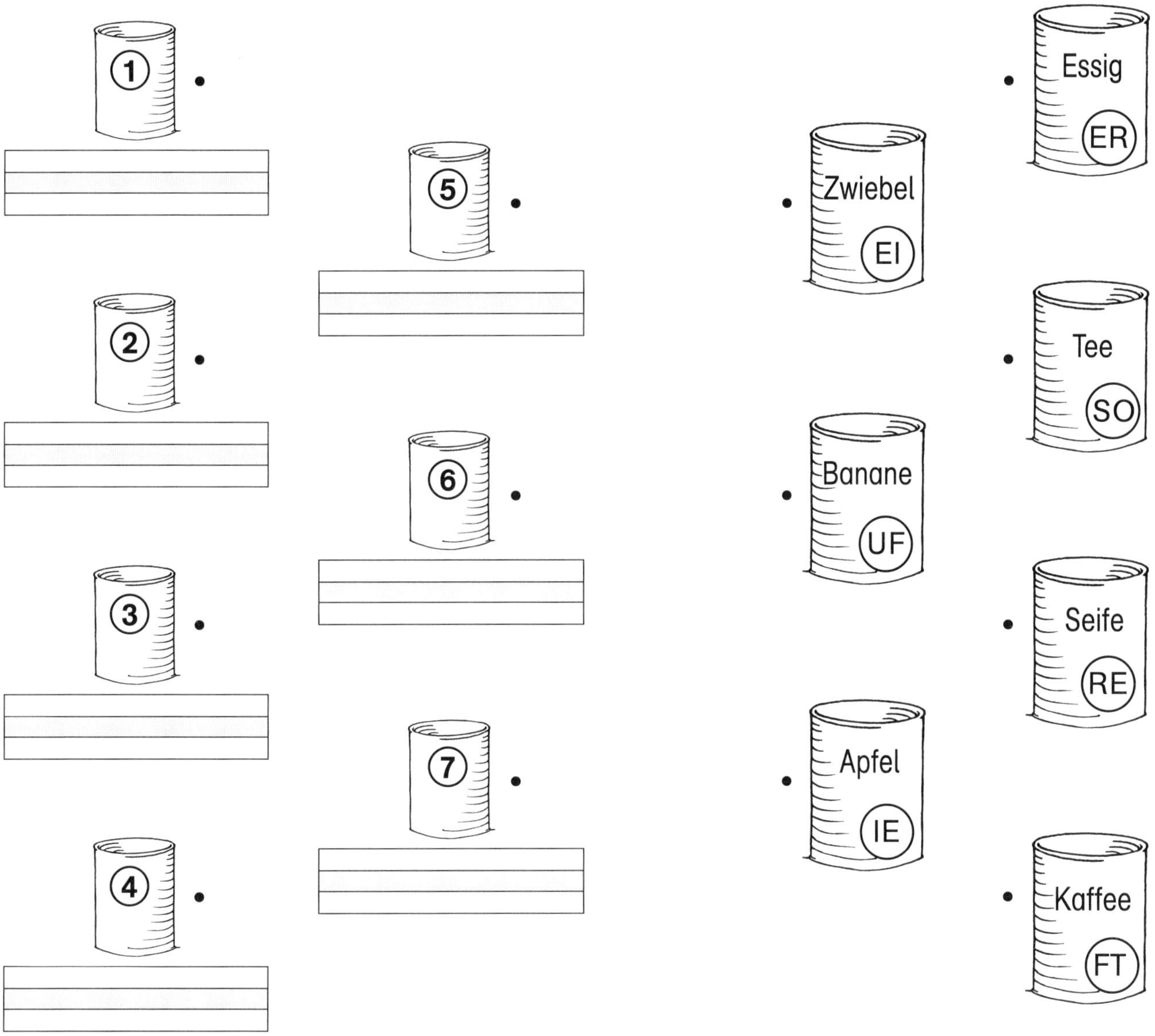

1 •
5 •
2 •
6 •
3 •
7 •
4 •

• Essig ER
• Zwiebel EI
• Tee SO
• Banane UF
• Seife RE
• Apfel IE
• Kaffee FT

Lösungssatz: ___N BE___NDE___R D___T L___GT IN D___ LU___!
(1, 2, 3, 4, 5, 6, 7)

Welche Düfte und Gerüche kannst du um dich herum riechen? Schreibe auf ein Blatt.

3. Kapitel: Luftikus – Kreativer Umgang

Vorbemerkung

Das Element Luft lässt sich auf vielfältige Weise kreativ nutzen, sei es beim Basteln von Windspielen, Mobiles, Ufos und Luftballongesichtern, beim Malen von Klecksbildern, bei der Komposition einer kleinen Luftmusik oder beim Tanzen als „windiger Geselle“, beim Schreiben eigener Luftgeschichten, beim Aufstellen verrückter Luftrekorde oder einfach nur für luftige Spiele.

Die folgenden fächerübergreifenden Angebote bieten den Kindern zum Abschluss der Unterrichtsreihe die Möglichkeit, sich spielerisch mit dem luftigen Element zu beschäftigen.

Lehrplanbezug

Kunst

- Verschiedene Materialeigenschaften untersuchen
- Mit verschiedenen Werkzeugen und Gestaltungsmitteln kreativ arbeiten
- Unterschiedliche Mobiles und Windspiele bauen, erproben und ausgestalten

Musik

- Blasinstrumente kennenlernen
- Die Stimme erproben und Luftgeräusche erzeugen
- Alltagsgegenstände als Instrumente einsetzen und Musik erzeugen
- Verschiedene Ausdrucksmöglichkeiten des Körpers erproben und als Tanz umsetzen

Deutsch

- Eigene Texte frei oder nach Anregung schreiben

Mathematik

- Längen mit geeignetem Messgerät messen
- Additions- und Subtraktionsaufgaben im Zahlenraum bis 100 lösen

Sachunterricht

- Das Naturphänomen Luft mit allen Sinnen wahrnehmen

Zu den Kopiervorlagen

Blasinstrumente

Die Kinder dürfen sich in Partner- oder Gruppenarbeit mithilfe von Büchern über weitere Blasinstrumente informieren. Die Informationen können auf einem Plakat gesammelt und in Form von kurzen Referaten der Klasse vorgestellt werden.

Lösung

Aufgabe 1:

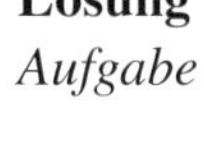

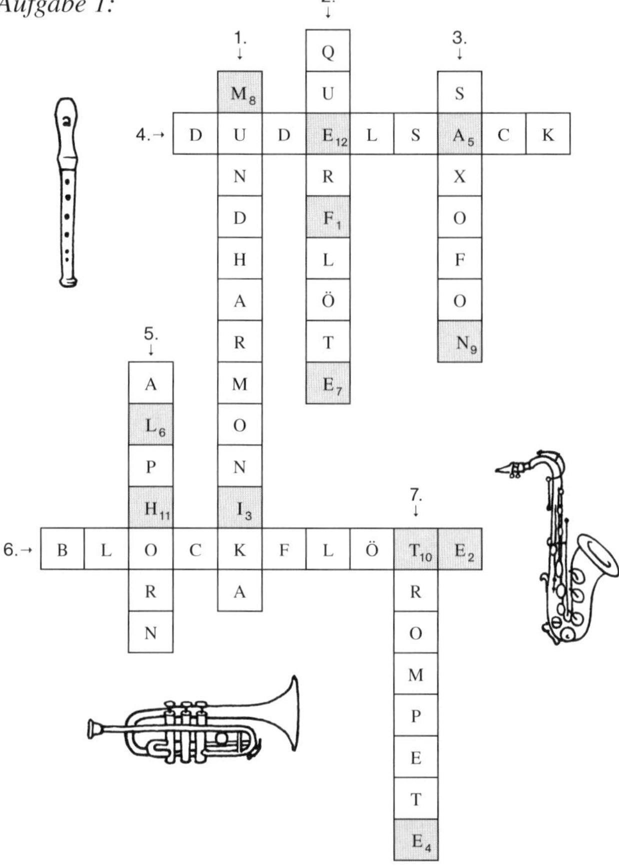

Aufgabe 3:

Lösungssatz: PFEIFE „ALLE MEINE ENTCHEN“!

Luftig, luftig, tralalalala

Für die Luftmusik sollen die Kinder möglichst frei mit ihrer Stimme und den verschiedenen Klanginstrumenten experimentieren und improvisieren. Am besten proben sie zunächst in kleinen Gruppen. Anschließend können die Schüler ihre Luftmusik im Klassenverband vorspielen und gemeinsam überlegen, wie sie ihre Musikstücke miteinander kombinieren können.

Für die Verwandlung in „windige Gesellen“ brauchen die Kinder möglichst viel Platz. Am besten geeignet für das Austesten der Wirkung ist der Schulhof oder die Turnhalle. Die Schüler können zunächst eigene Bewegungsideen

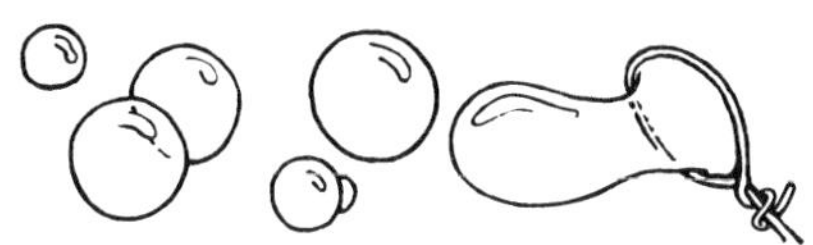

ausprobieren. Anschließend stellen sie ihre Ideen im Klassenverband vor und entwickeln diese gemeinsam weiter.

Möglich ist auch, dass sich die Schüler je nach Interesse für eine Aufgabe entscheiden, d. h. entweder eine kleine Luftmusik komponieren oder als „windige Gesellen“ einen Tanz einüben. Dabei können sie sich auch von der Gruppe „Eine kleine Luftmusik“ inspirieren lassen.

Verrückte Luftrekorde

Rekorde gibt es überall. Besprechen Sie mit den Kindern die vorgegebenen Luftrekorde, bevor Sie die Aufgaben bearbeiten lassen. Für das Aufstellen der persönlichen Rekorde benötigen die Kinder eine Stoppuhr und ein Maßband. Das Schlagen mit den eigenen „Flügeln“ bzw. Armen verdeutlicht den Schülern anschaulich, mit welcher Schnelligkeit der Kolibri pro Sekunde mit seinen Flügeln schlägt. Legen Sie fest, wie weit die Arme der Kinder für einen Flügelschlag gehoben und gesenkt werden müssen.

Für das Kirschkernweitspucken lassen sich auch getrocknete Erbsen verwenden. Um die Weite von mehr als zwanzig Metern deutlich zu machen, können Sie den Kindern im 1. Schuljahr auf dem Schulhof einen Kreidestrich aufzeichnen, der meterweise eingeteilt ist. Die Schüler dürfen entlang dieser Linie ihre Spuckversuche mit den Kirschkernen durchführen und haben einen anschaulichen Vergleich für ihre Weite. Im 2. Schuljahr können die Kinder je nach Leistungsstand schon selbst eine solche Linie aufzeichnen und ihre Spuckweiten nachmessen.

Lösung

Der Geier schlägt in der Minute 60-mal mit seinen Flügeln.

Mobilekunst

Schon der Künstler Alexander Calder (1898–1976) hat bewegliche Objekte (Mobiles) erbaut. Manche werden durch Luftzirkulation bewegt, andere durch Motoren angetrieben. Werke von ihm stehen in Deutschland beispielsweise in Berlin, Stuttgart und Mönchengladbach.

Luftige Basteleien

Fordern Sie die Kinder schon ein paar Wochen vor dem Basteln des Windspiels dazu auf, passende Gegenstände mitzubringen. Sie können auch einen Waldspaziergang mit der Klasse unternehmen und dabei Naturmaterialien sammeln lassen. Beim Bau des Windspiels haben die Schüler die Möglichkeit, die Flug- und Klangeigenschaften der verschiedenen Materialien zu untersuchen. Sie können entweder einen großen Ast gestalten lassen, oder die Kinder basteln in kleinen Gruppen mehrere Windspiele.

Beim Basteln des Mobiles können die Kinder entweder die Bastelvorlage nutzen (siehe KV Seite 56) oder einen eigenen Heißluftballon zeichnen und basteln. Dann sollte jedoch vorher besprochen werden, welche Größe die Ballons etwa haben müssen, damit sie später für das Mobile genutzt werden können.

Die Heißluftballons können aber auch einzeln als Fensterbilder aufgehängt werden. Dann wird das Innere des Ballons herausgeschnitten und von einer Seite mit buntem Transparentpapier hinterklebt.

Weiterführende Anregung

Nutzen Sie die Luftballons als Geburtstagskalender. Dafür kleben die Kinder ein kleines Passbild von sich über den Korb. In den Korb wird der Name und das Geburtsdatum des Kindes geschrieben. Hängen Sie die Ballons in der richtigen zeitlichen Reihenfolge gemeinsam mit den Schülern an die Wand. Dabei können sie auch den Umgang mit Daten bzw. mit dem Kalender trainieren.

Ein Windbeutel

Durch die verschiedenen farbigen Plastiktüten entstehen originelle und individuelle Windbeutel. Statt der Plastiktüte können die Kinder aber auch ähnliche Materialien, wie z. B. Transparentpapier oder Japanpapier, benutzen. Für den Pappring eignen sich runde Käseschachteln. Der Boden lässt sich einfach aus der Schachtel lösen und die Umrandung kann dann als Ring genutzt werden.

Weiterführende Anregung

Bunt schimmernd, wabernd und vergänglich – Seifenblasen sind faszinierend und machen Spaß. Stellen Sie selbst Seifenwasser mit der Klasse her. Hierfür gibt es verschiedene Rezepte, z. B.: 3 l Wasser, 225 ml Spülmittel und 1 EL Glyzerin. Falls Sie kein Glyzerin zur Verfügung haben, können Sie auch folgendes Rezept verwenden: 200 ml Wasser, 60 ml Spülmittel und 2 TL Zucker.

Aus Pfeifenputzerdraht biegen die Kinder Pustestäbe. Sie können dabei verschiedene Formen ausprobieren. Natürlich lassen sich auch alte Pusteringe von gekauften Seifenblasendosen verwenden. Die leeren Behälter können dann für die selbst gemixte Seifenlauge genutzt werden. Fordern Sie die Kinder ein paar Wochen vorher auf, leere Seifenblasenbehälter mitzubringen.

Kleine Wettbewerbe können durchgeführt werden: Wessen Seifenblase hält am längsten? Welche fliegt am wei-

testen? Welche fliegt am höchsten? Wer kann die größte Seifenblase machen? Wer kann die meisten Seifenblasen zusammenkleben, also eine Seifenblase auffangen und eine neue darunter entstehen lassen? Wer produziert die merkwürdigste Seifenblase?

KV Seite 58

Die Ufos sind da!

Die Ufos sollten am besten bereits auf Tonkarton kopiert oder mit der Vorlage auf Pappe übertragen werden. Vorsicht mit dem Bastelmesser: Helfen Sie beim Einschneiden der Knickfalze.

Lassen Sie Ihre Schüler frei ausprobieren, wie die Ufos fliegen. Wessen Ufo fliegt am weitesten, am höchsten, am schönsten …?

Folgende Spielvarianten bieten sich an:

- Im Ufokreis: Die Kinder stellen sich im Kreis auf und werfen sich einander Ufos zu. Die Ufos dürfen sich dabei aber nicht berühren und nicht herunterfallen.
- Auf Ufojagd: Zwei Kinder stehen sich in einigem Abstand voneinander gegenüber. Ein weiteres Kind steht in ihrer Mitte. Die beiden äußeren Kinder werfen sich das Ufo gegenseitig zu. Das Kind in der Mitte versucht, das geworfene Ufo zu „erjagen".

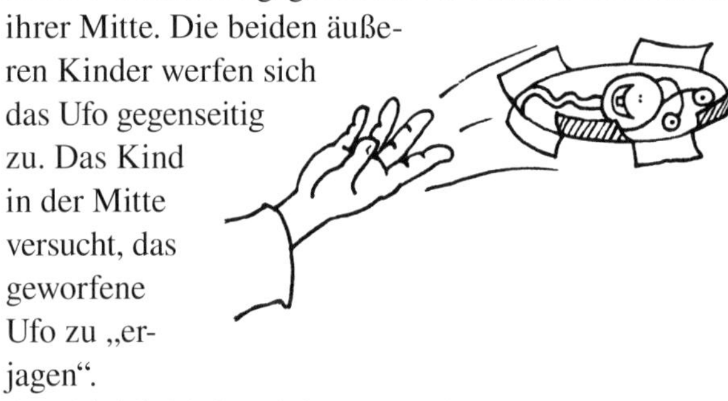

- Geschicklichkeitsspiele: Das Ufo wird hochgeworfen. Die Kinder müssen sich vor dem Auffangen um die eigene Achse drehen, in die Hände klatschen, in die Luft hüpfen usw. Sie werden viele weitere Ideen haben.

Windfederräder

Für die Windfederräder eignen sich selbst gesammelte Federn. Aber auch im Handel gibt es eine bunte Auswahl zu kaufen. Basteln Sie als Anschauungsobjekt vorab ein Windfederrad. Da diese Bastelaufgabe auch für eine 2. Klasse sehr anspruchsvoll ist, sollten Sie sich nach Möglichkeit ein paar „helfende Hände" einladen, z. B. Eltern oder Großeltern.

Weiterführende Anregung

Erinnert das Rad die Kinder an bestimmte Gebäude oder Anlagen? Sprechen Sie über die Nutzung von Windenergie in Form von Windmühlen oder Windkraftanlagen.

Die tanzende Luftschlange

Diese Bastelanleitung sollten die Kinder wegen der Feuergefahr nur unter Aufsicht eines Erwachsenen durchführen. Statt der „gefährlichen" Variante mit dem Teelicht können sie die Schlangenspirale auch über eine warme Heizung halten.

Durch die aufsteigende warme Luft beginnt sich die Schlange zu drehen.

Weiterführende Anregung

Bringen Sie eine Weihnachtspyramide mit in die Klasse und führen Sie den Kindern vor, wie sie funktioniert. Je größer die Pyramide ist, desto eindrucksvoller ist ihre Wirkung. Dreht sich die Pyramide schneller, wenn mehr Kerzen brennen?

Farbenfrohe Pustebilder

Lassen Sie die Kinder zuerst mit der Pustetechnik experimentieren. Wie funktioniert es am besten? Wie fest muss geblasen werden? Die Farben müssen dick angerührt werden, damit sie gut decken. Ein besonders schöner Effekt ergibt sich, wenn sich einige Farbkleckse teilweise überdecken. Damit die Farben nicht verlaufen, müssen die ersten Kleckse schon trocken sein.

Weitere Vorlagen bieten sich an: Die Kinder können die Flügel eines Schmetterlings gestalten, die Decke eines Elefanten verzieren oder bunte Blumen in eine Wiese setzen. Der Fantasie sind keine Grenzen gesetzt!

Lustige Ballonfiguren

Die Arbeit mit Pappmaschee ist etwas aufwendiger, beschert den Kindern jedoch dauerhafte Kunstwerke. Es können Gesichter und Figuren gestaltet werden, aber auch Tiere oder Insekten. Legen Sie nach Möglichkeit eine große Auswahl an Materialien wie Stoffe und verschiedene Papiere bereit, damit die Kinder beim Gestalten ihrer Fantasie freien Lauf lassen können.

Eine weitere luftige Variante ist ein Heißluftballon, der ebenfalls aus Pappmaschee hergestellt wird. Als Korb kann ein leerer Papp- oder Joghurtbecher dienen.

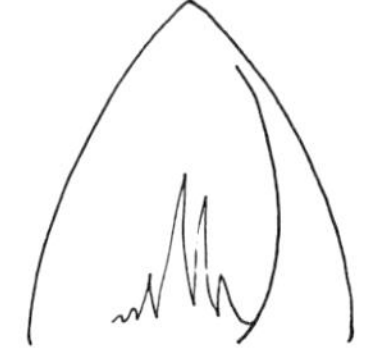

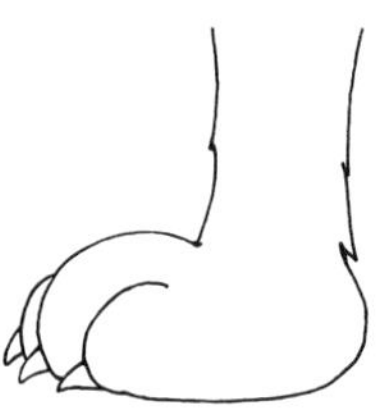

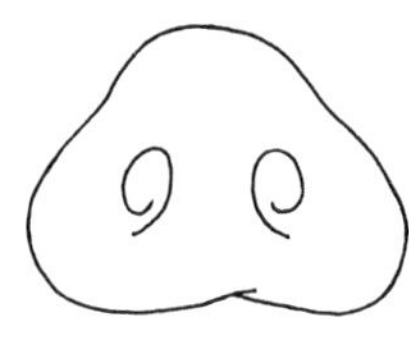

KV Seite 63/64

Luftige Spiele

Angeregt durch die luftigen Spiele können die Kinder sich weitere Spielideen rund um das Element Luft ausdenken. Dafür dürfen sie auch die Materialien benutzen, die sie von den Luftexperimenten bereits kennen, z. B. Luftpumpen, Fächer, große Pappen.

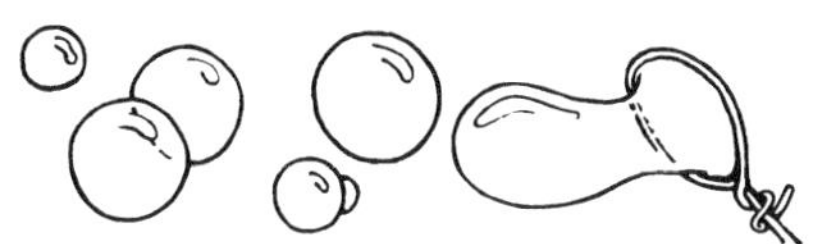

Wenn Sie planen, am Ende der Einheit eine Luftausstellung für die Eltern und Geschwister zu organisieren, werden diese Spiele sicher für Spaß und Unterhaltung sorgen.

Literaturtipps

- De Beer, Hans: Kleiner Eisbär, hilf mir fliegen. Zürich: NordSüd Verlag 2001.
  Lars, der kleine Eisbär, möchte wie die Möwen fliegen können. Da lernt er Yuri, den kleinen Papageientaucher, kennen. Auch er träumt vom Fliegen, weil seine Flügel durch eine Öllache verklebt wurden. Eines Tages entdecken die beiden einen Heißluftballon und eine abenteuerliche Luftreise beginnt.
- Haag, Holger: Mein erstes „Was fliegt denn da?". Unsere 50 wichtigsten Vögel kennenlernen. Stuttgart: Kosmos Verlag 2006.
  Kindgerechtes Bestimmungsbuch mit naturgetreuen Farbzeichnungen, kurzen, einfachen Hinweisen und Informationen zu Vorkommen, Merkmalen und Besonderheiten der bei uns heimischen Vögel.
- Kent, Jack: Drachen gibt's doch gar nicht. Ravensburg: Ravensburger Buchverlag 2010.
  Eines Morgens sitzt ein Drache auf Felix' Bettkante. Felix denkt, er träumt noch. Schließlich hat seine Mutter doch behauptet, dass es Drachen gar nicht gibt. Doch die hat sich wohl geirrt …
- König, Eva: Paul, der Wolkenfänger. Rostock: Hinstorff 2009.
  Paul liebt Wolken. Deshalb steht er jeden Morgen auf einem Hügel und zählt sie. Und er fängt sie sogar ein! Mit den schönsten Exemplaren veranstaltet er eine große Wolkenausstellung oder lädt zum Wolkenfest ein. Und dann gibt es da auch noch ein hübsches Wesen, das Frau Sonne heißt …
- Yalcin, Kemal: Wie mein Drachen in den Wolken hängenblieb. Köln: Önel Verlag 2006.
  Geschichte in türkischer und deutscher Sprache.

Weiterer Unterrichtsvorschlag

Nachdem die Kinder zahlreiche Erfahrungen mit dem Element Luft gesammelt haben, können diese in freien Geschichten verarbeitet werden. Sie können auch Schreibideen liefern, zu denen lustige, spannende und auch wissensreiche Geschichten ausgedacht und aufgeschrieben werden. Mögliche Ideensammlungen sind:

- Über den Wolken: Heißluftballon, Berge, Sonne, blauer Himmel, starten, winkende Kinder, Straßen, Wind, Wald, Vögel, kleine Häuser, See, Höhe, Stille
- Ein sonniger Herbsttag: rote Blätter, Drachen basteln, Wiese, laufen, Felder, steigen, Äpfel, Wind, Bäume, wehen, Sturm, feststecken, fallen, Wolken
- Ein verrückter Traum: Vogel, fliegen, Flügel, Bett, Nacht, schlafen, Federn, träumen, Nest, aufsteigen, wünschen, Schnabel, zwitschern, gleiten, aufwachen

Name:

Blasinstrumente

Löse das Kreuzworträtsel.

1. 2.  3.

4. Das Blasinstrument spielt man in Schottland.

5. Das Instrument ist sehr lang. Man spielt es in den Bergen.

6. 7.

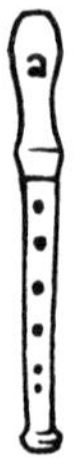

4. → 5. ↓ 6. → 7. ↓

ALPHORN

BLOCKFLÖTE MUNDHARMONIKA SAXOFON

TROMPETE QUERFLÖTE DUDELSACK

Male die Instrumente zu 4. und 5. in die Kästen.

Trage den Lösungssatz ein. Führe die Aufgabe aus.

Lösungssatz: P _1 _2 _3 F _4 „ _5 L _6 _7 _8 EI _9 E EN _10 C _11 _12 N“!

Name:

Luftig, luftig, tralalalala

Eine kleine Luftmusik

Ihr braucht:

- alles, womit ihr „Luftmusik“ machen könnt, z. B. Luftballons, leere Glasflaschen, Grashalme, Kämme, Trinkhalme, Pergamentpapier

So geht's:

1. Probiert aus, welche Geräusche ihr mit den Gegenständen machen könnt. Benutzt eure Stimme, euren Mund und eure Puste dazu.
2. Überlegt gemeinsam, wie ihr aus den verschiedenen Luftgeräuschen eine „kleine Luftmusik“ zusammenstellen könnt: Welche Geräusche passen gut zusammen? In welcher Reihenfolge? Wer spielt?
3. Übt eine kurze Aufführung ein.

Vielleicht können ja die „windigen Gesellen“ zu eurer Luftmusik tanzen?

Windige Gesellen

Ihr braucht:

- Krepppapier in verschiedenen Farben
- eine Schere
- Sicherheitsnadeln

So geht's:

1. Schneidet Streifen aus dem Krepppapier zurecht.
2. Heftet die Streifen mit den Sicherheitsnadeln an eure Kleidung – vor allem an die Arme und Beine.
3. Geht nun nach draußen auf den Schulhof und lauft umher. Die Streifen werden im Wind flattern. Probiert verschiedene Bewegungen und Sprünge aus.

Bewegt euch passend zu der „kleinen Luftmusik“!

Name:

Verrückte Luftrekorde

1. Rekorde im Flügelschlagen

Schnellster Flügelschlag: Kolibri, 80-mal in einer Sekunde
Langsamster Flügelschlag: Geier, 1-mal in einer Sekunde

a) Der Kolibri schlägt in einer Minute 4800-mal mit seinen Flügeln.
Wie oft schlägt der Geier in einer Minute mit seinen Flügeln? Rechne aus.

Antwort: Der Geier schlägt in der Minute ☐☐ -mal mit seinen Flügeln.

b) Wie oft kannst du in der Minute mit deinen „Flügeln" (Armen) schlagen?
Probiere es aus und schreibe auf.

So oft konnte ich in einer Minute mit den Flügeln schlagen: ☐☐ -mal.

c) Wie groß ist der Unterschied zu einem Geier?
Rechne aus, schreibe auf und kreise ein.

Antwort: Das sind ☐☐ Flügelschläge weniger/mehr als der Geier.

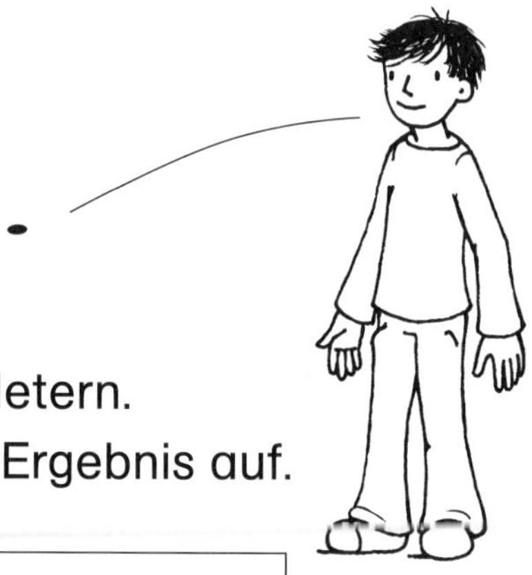

2. Rekord im Kirschkernweitspucken

Der Rekord im Kirschkernweitspucken liegt bei fast 22 Metern.
Wie weit kannst du Kirschkerne spucken? Schreibe dein Ergebnis auf.

So weit konnte ich einen Kirschkern spucken: ____________.

Name:

Luftige Basteleien (1)

Ein Windspiel

Ihr braucht:

- einen großen Ast
- Dinge, die sich leicht im Wind bewegen, z. B. Federn, kleine Äste, Tannenzapfen, Blätter
- Dinge, die Geräusche machen, wenn sie gegeneinanderschlagen, z. B. kleine Blechdosen, Holzstäbe, Schneckenhäuser
- Schnüre und Bänder

So geht's:

1. Legt den großen Ast über zwei Stuhllehnen, damit ihr die Materialien leicht daran festbinden könnt. Überlegt gemeinsam, wo ihr was hinhängen möchtet.
2. Bindet alles an den großen Ast. Achtet darauf, dass die Materialien in unterschiedlicher Höhe hängen.
3. Hängt das fertige Windspiel an einen luftigen Ort.

Ein Klassenmobile – Anleitung

Ihr braucht:

- Bastelvorlage (Seite 56)
- Schere, Klebstoff, Buntstifte
- bunte Stoffreste, Reste von Geschenkpapier
- Wollreste (braun, schwarz, gelb, orange)
- eine dicke Nadel
- dünne Äste oder Holzstäbe
- dünne, weiße Bindfäden

So geht's:

1. Schneidet die Bastelvorlage aus, faltet sie und klebt sie zusammen. Beklebt den Ballon vorn und hinten mit den Stoffresten und den Papierresten.
2. Malt euch in die Figur und klebt euch Haare aus Wolle an. Vergesst die Rückseite nicht. Malt auch den Korb an.
3. Klebt Wollfäden oder Bindfäden vom Korb zum Ballon
4. Bohrt oben ein Loch in den Ballon. Fädelt einen Bindfaden hindurch.
5. Bindet eure fertigen Ballons so an die Äste oder Holzstäbe, dass ein Mobile entsteht.

Name:

Luftige Basteleien (2)

Ein Klassenmobile – Ausschneideseite

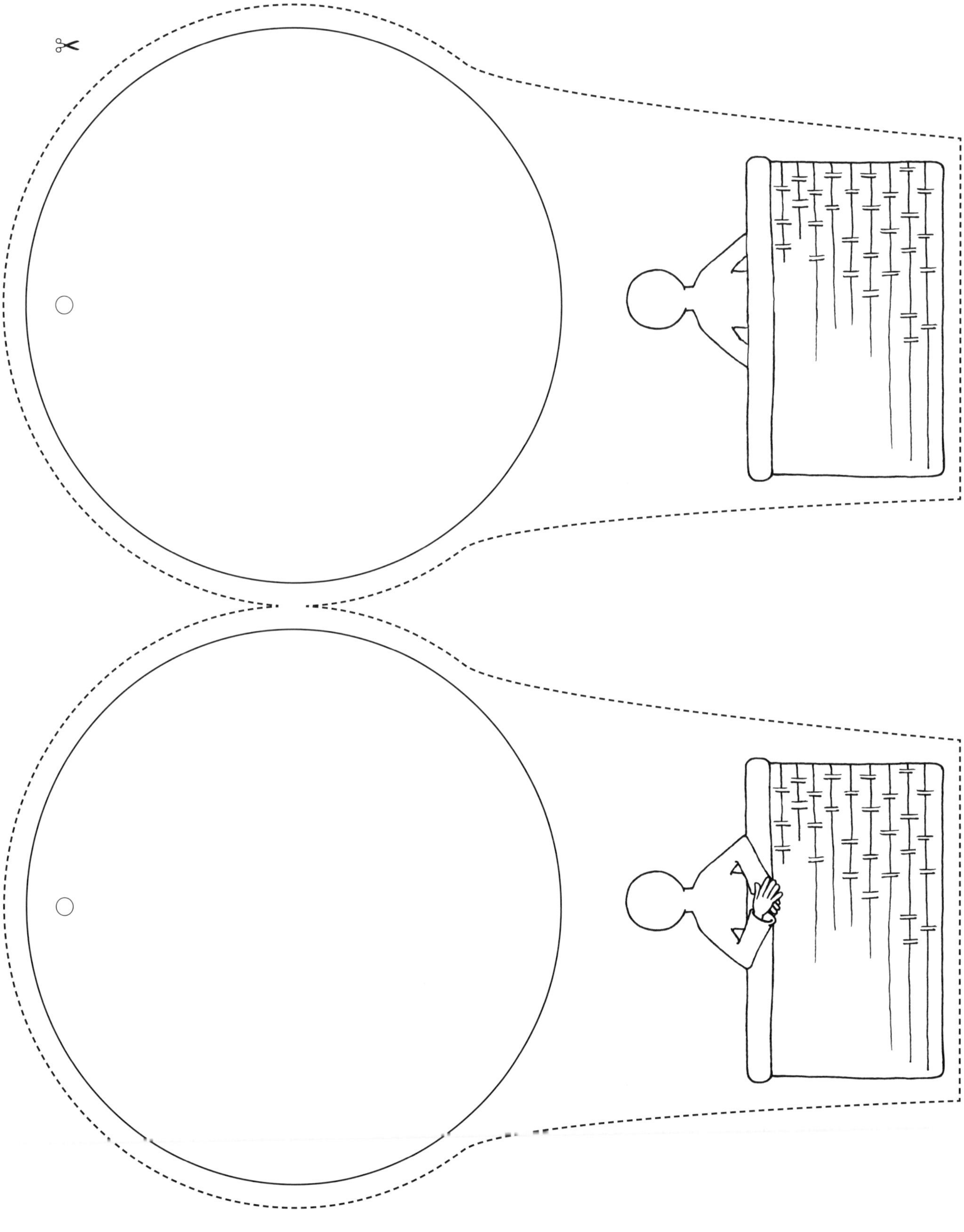

Name:

Ein Windbeutel

Ihr braucht:

- eine bunte Plastiktüte
- eine Schere
- dünnere Pappe
- ein Lineal
- ein Heftgerät
- einen dicken Faden
- Klebeband

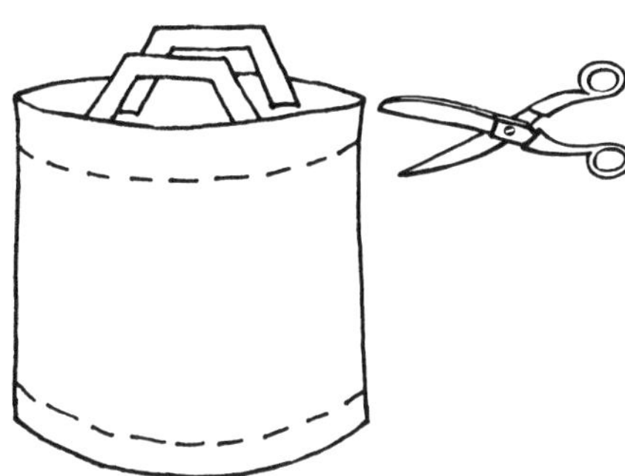

So geht's:

1. Schneidet oben und unten einen Streifen der Plastiktüte ab. Ihr erhaltet eine Röhre.
2. Schneidet die Röhre an einer Seite auf. Nun habt ihr einen breiten Streifen.
3. Schneidet einen Pappstreifen aus. Er soll etwa 40 cm lang und 5 cm breit sein. Heftet den Pappstreifen zu einem Ring zusammen.
4. Heftet dann den Plastikstreifen rund herum an den Ring. Er muss überall anliegen. Was am Ende übersteht, könnt ihr abschneiden.

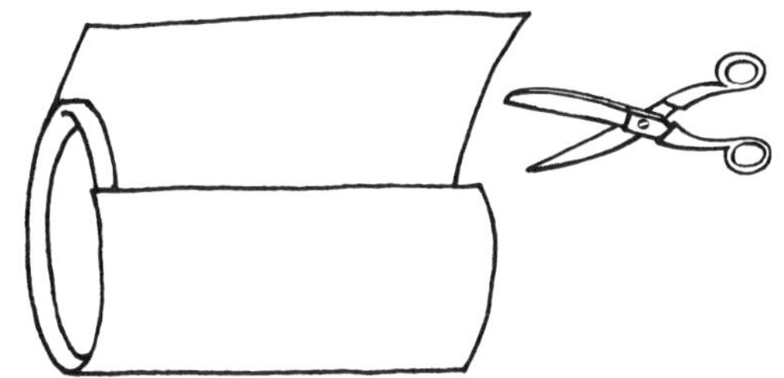

5. Schneidet Streifen in das andere Ende des Plastiks. Das ist der Schwanz des Windbeutels.

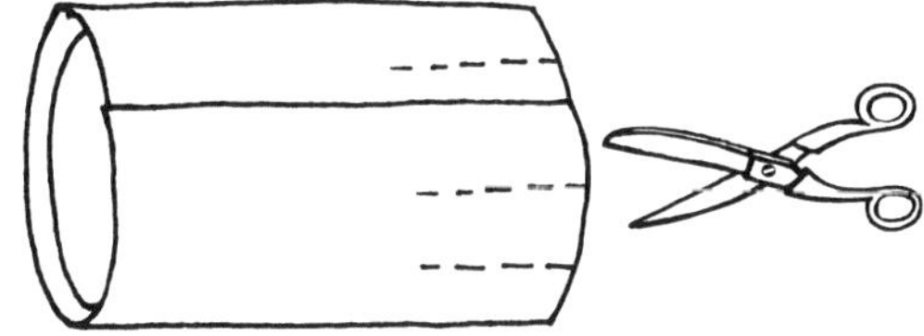

6. Klebt an der Innenseite des Papprings an drei Stellen einen langen Faden an. Knotet die Fäden dann zusammen.

Jetzt könnt ihr euren Beutel im Wind flattern lassen!

Name:

Die Ufos sind da!

Ihr braucht:

- eine Schere
- Buntstifte
- ein Bastelmesser

So geht's:

1. Schneidet die Bastelvorlage sorgfältig aus.
   Schneidet auch die gestrichelten Linien ein.
2. Malt das Ufo bunt an.
   Ihr könnt auch einen Außerirdischen auf das Ufo malen.
3. Schneidet die Laschen an der durchgezogenen Linie leicht mit dem Bastelmesser ein, damit sie sich leichter knicken lassen.
   Lasst euch von einem Erwachsenen helfen!
4. Knickt dann die Laschen abwechselnd nach oben und nach unten.

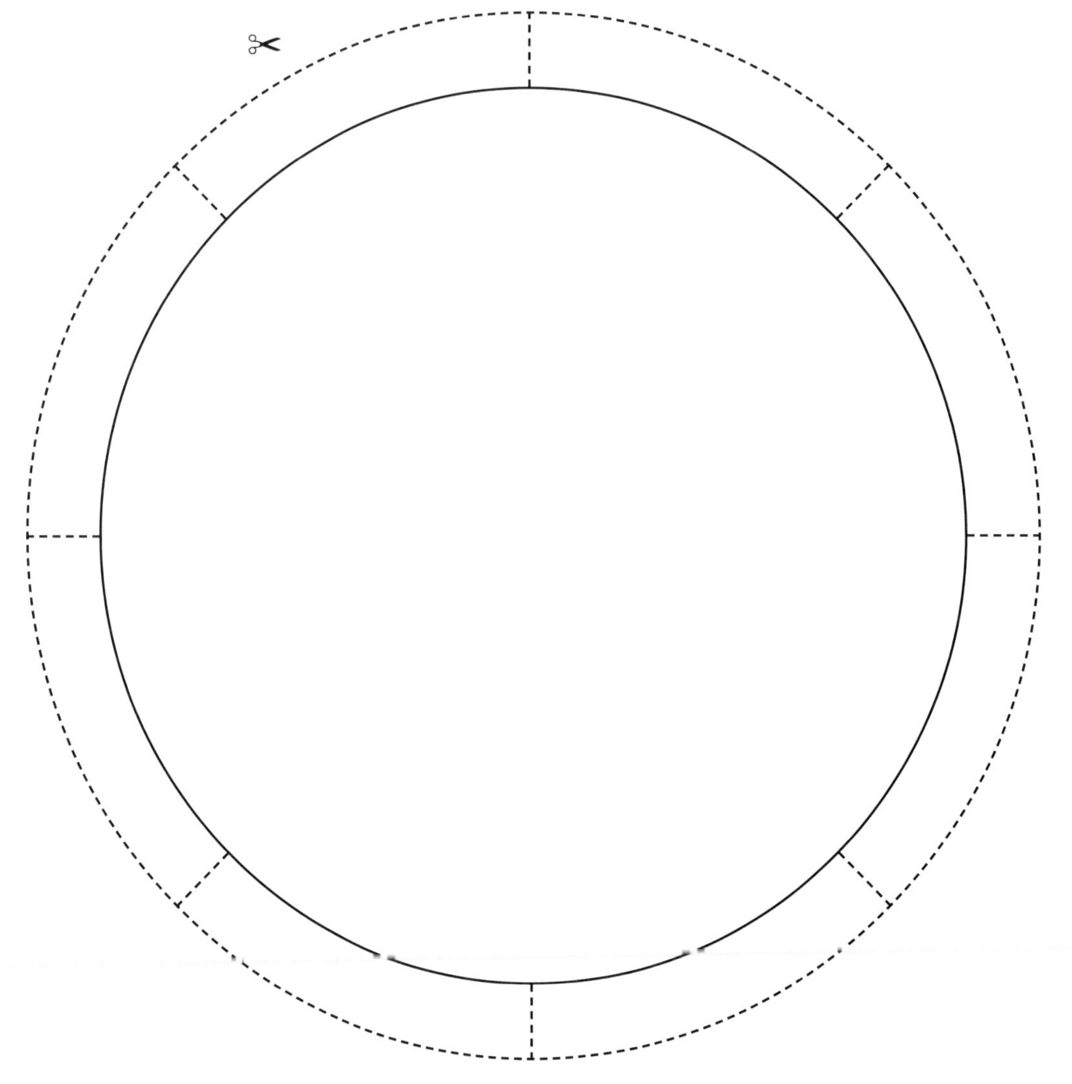

Name:

Windfederräder

Ihr braucht:

- eine Schere
- bunte Pappe
- eine dicke Nadel
- einen Trinkhalm
- ein Lineal
- Klebeband und Klebstoff
- mindestens acht große Federn
- Draht
- zwei Holzperlen
- einen Holzstab

So geht's:

1. Schneidet aus der Pappe zwei runde Scheiben aus. Benutzt die Vorlage. Bohrt zwei Löcher in die Mitte der Scheiben.

2. Schneidet ein Stück vom Trinkhalm ab. Es soll etwa 6 cm lang sein. Steckt den Trinkhalm probeweise durch die Löcher der beiden Scheiben. Falls er nicht durchpasst, müsst ihr die Löcher vergrößern.

3. Klebt nun die Federn mit Klebeband auf eine Scheibe.

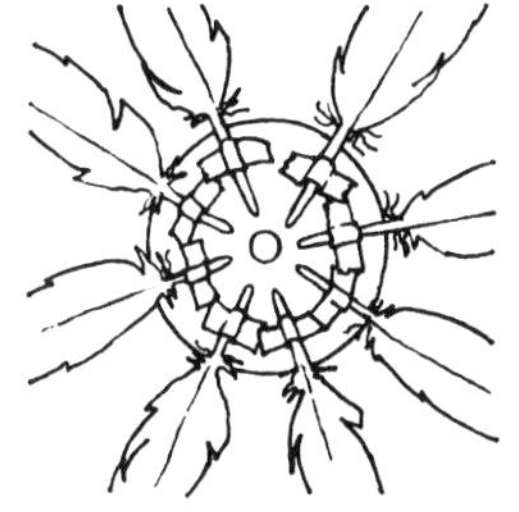

4. Klebt die zweite Scheibe auf die Scheibe mit den Federn, damit man die Klebestellen nicht mehr sieht. Steckt dann den Trinkhalm durch die Scheiben.

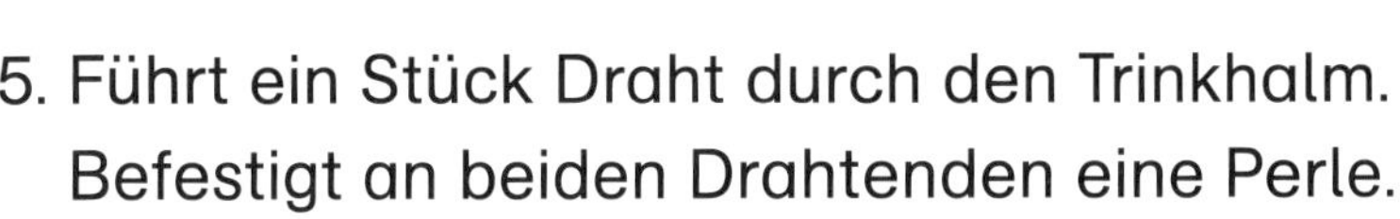

5. Führt ein Stück Draht durch den Trinkhalm. Befestigt an beiden Drahtenden eine Perle.

6. Befestigt ein Drahtende an dem Holzstab.

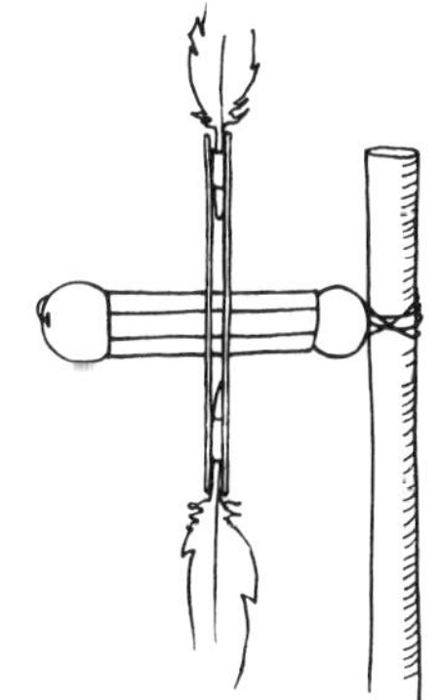

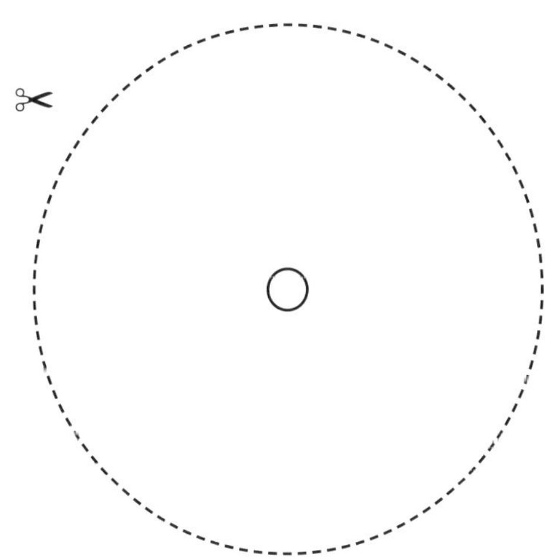

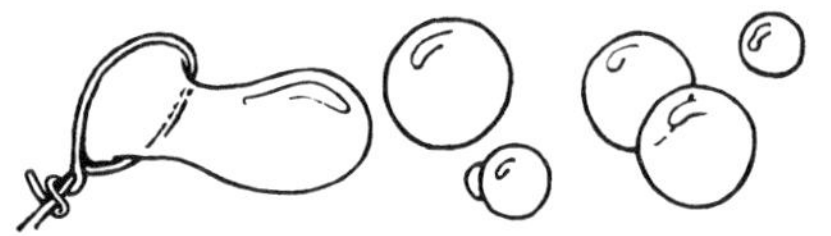

Name:

Die tanzende Luftschlange

Vorsicht mit Feuer!

Ihr braucht:

- Buntstifte
- eine Schere
- Bindfaden
- Klebeband
- einen großen Teller
- ein Teelicht, Streichhölzer

So geht's:

1. Malt die Schlange bunt an.
2. Schneidet die Vorlage aus. Schneidet anschließend so an der Linie entlang, dass eine Spirale entsteht. Beginnt beim Pfeil.
3. Klebt einen längeren Faden an den Kopf der Schlange.
4. Stellt das Teelicht auf den Teller und den Teller vor euch auf den Boden. Zündet das Licht an. Lasst euch dabei von einem Erwachsenen helfen.
5. Lasst die Luftschlange nun in einigem Abstand über dem Teelicht schweben.

Was passiert?

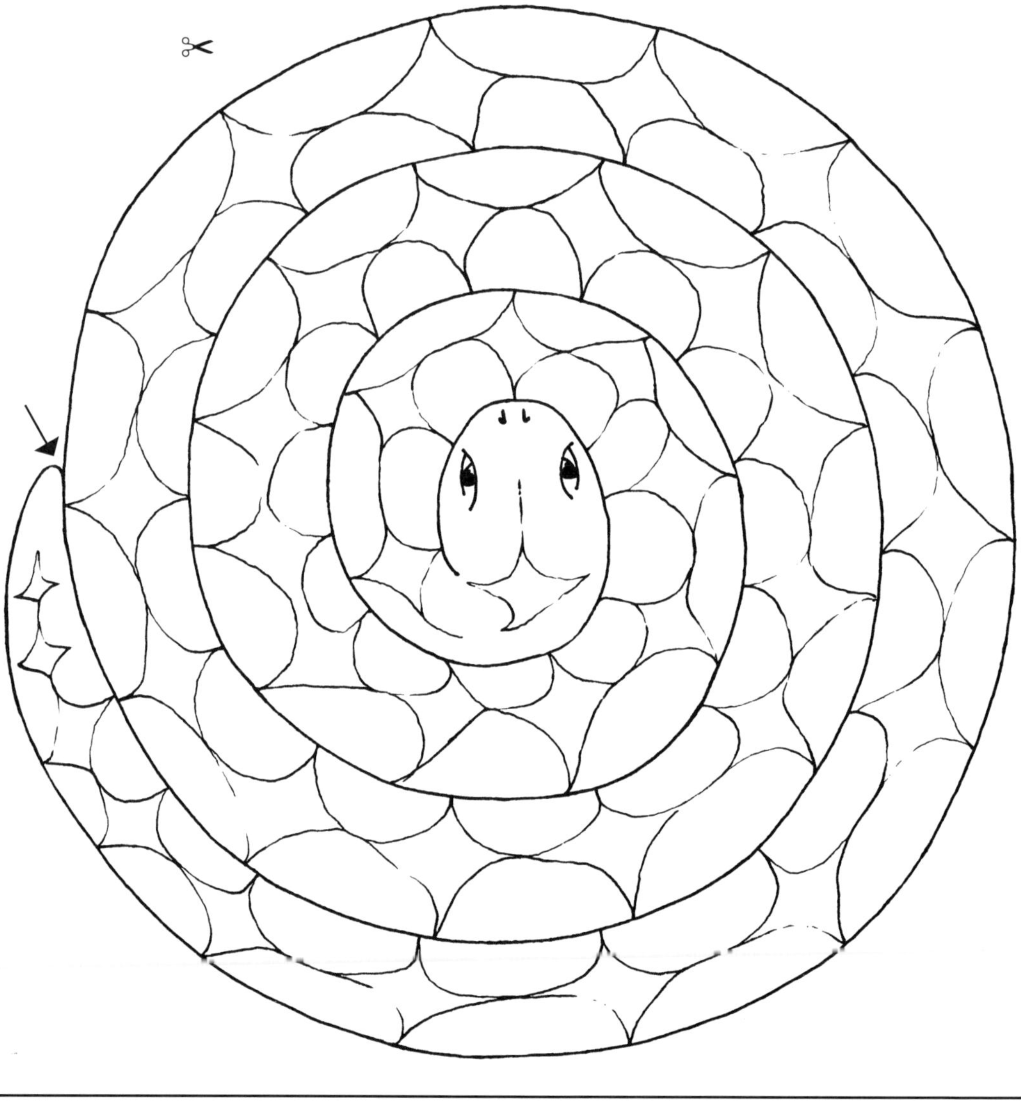

Name: 

Farbenfrohe Pustebilder

Mit etwas Geschick und viel Puste kannst du tolle Bilder und Muster zaubern. Puste ein buntes Feuerwerk.

Du brauchst:

- schwarzes Tonpapier
- einen weißen Buntstift, evtl. eine Schere
- Wasserfarben, Wasser und Pinsel
- einen Trinkhalm

So geht's:

1. Lege das schwarze Papier vor dich hin. Male unten mit dem weißen Stift Häuser auf. Du kannst auch die Vorlage verwenden.

2. Tupfe dann einen dicken Klecks Farbe in die freie Fläche über den Dächern. Die Farbe muss gut angerührt und flüssig sein.

3. Nimm nun den Trinkhalm und puste vorsichtig in den Farbklecks hinein. Die Farbe verläuft in alle Richtungen und es sieht aus wie eine explodierende Feuerwerksrakete.

4. Setze auf diese Weise weitere Kleckse auf das Papier. So entsteht ein buntes Feuerwerk!

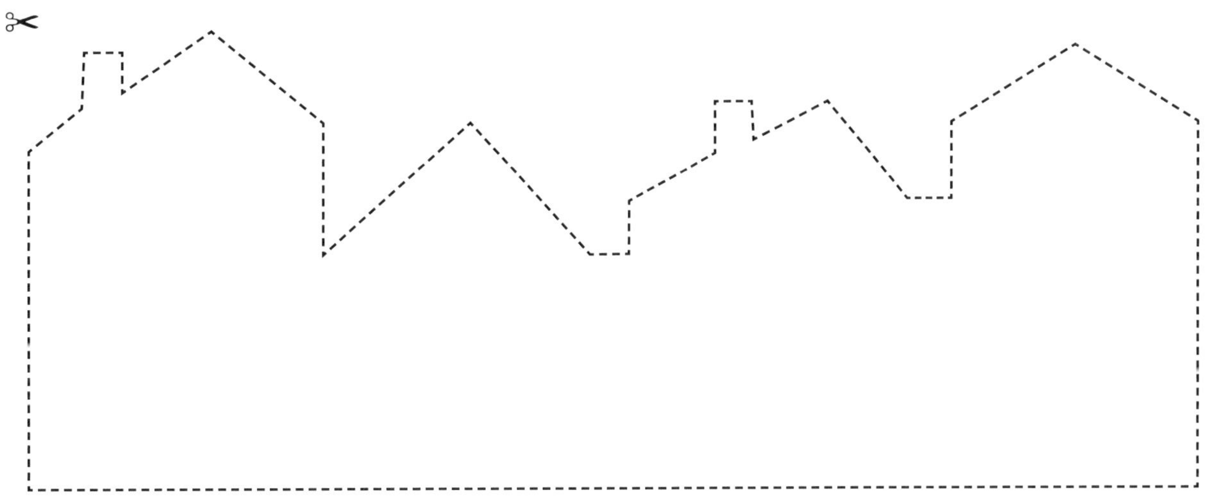

Name:

Lustige Ballonfiguren

Ihr braucht:

- einen Luftballon
- alte Zeitungen
- eine Schüssel mit Kleister
- eine Schere
- Wasserfarben und Pinsel
- Krepppapier, Woll- und Stoffreste
- Klebstoff
- Eierkartons, Pappe
- wasserfeste Faserstifte in verschiedenen Farben

So geht's:

1. Stellt das Material bereit. Blast dann den Luftballon auf und verknotet ihn.
2. Reißt von der Zeitung kleine Fetzen ab und legt sie in den Kleister. Beklebt den Ballon damit. Es dürfen keine freien Stellen bleiben. Lasst nur den Knoten frei. Klebt mehrere Schichten übereinander.
3. Lasst die Papierhülle gut trocknen, am besten über Nacht.
4. Zerstecht den Luftballon mit der Schere. Zieht ihn dann aus der Papierhülle heraus.
5. Malt die feste Hülle bunt an. Gestaltet ein Tier, z. B. Schweinchen, Löwe, Pinguin, oder einen Kopf, z. B. Hexe, Clown, Prinzessin.

6. Klebt als Haare Streifen aus Krepppapier, Wolle oder Stoff auf.
7. Klebt Beine, Ohren, Schnauze oder Schnabel aus Eierkartons oder Pappe auf. Verwendet auch die Vorlagen.
8. Malt die Augen und den Mund mit wasserfesten Faserstiften auf.

Hängt eure gestalteten Ballons im Klassenzimmer auf!

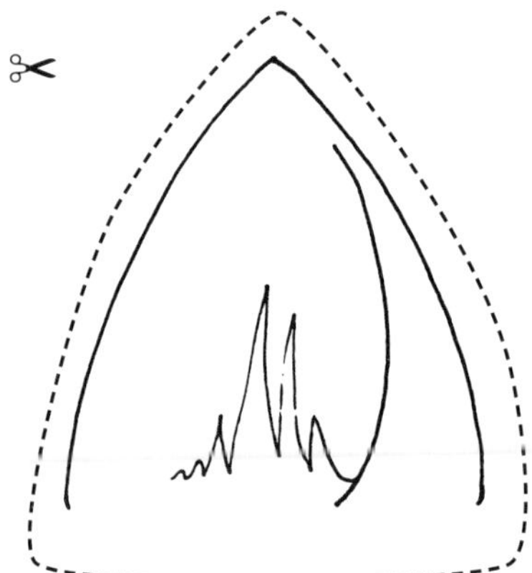

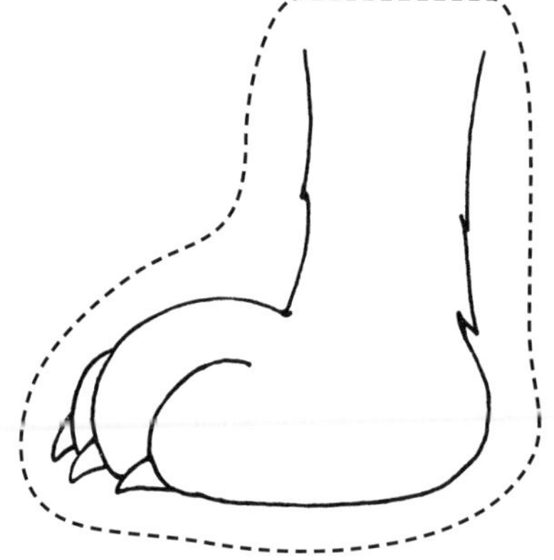

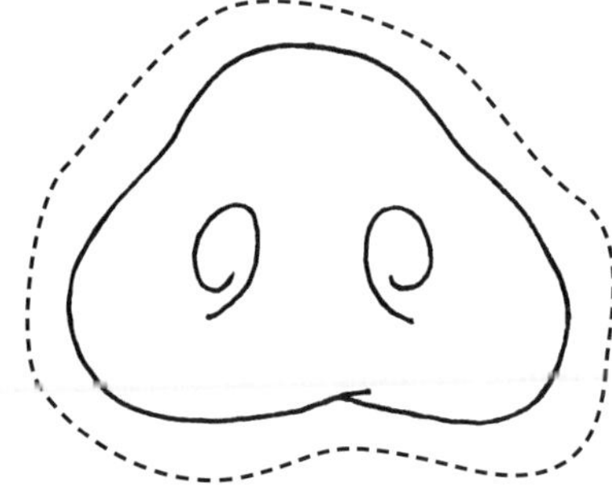

Name:

Luftige Spiele (1)

für zwei Spieler

Erbsensauger

Ihr braucht:

- vier kleine Schüsseln
- Trockenerbsen
- zwei Trinkhalme

So geht's:

1. Jeder stellt zwei Schüsseln vor sich hin und füllt in eine Schüssel zehn Erbsen.
2. Versucht nun gleichzeitig, so schnell wie möglich die Erbsen der einen Schüssel in die andere Schüssel zu befördern. Dabei dürft ihr nur den Trinkhalm zu Hilfe nehmen.

Wer zuerst alle Erbsen in die andere Schüssel befördert hat, gewinnt!

Slalompusten

für zwei oder mehr Spieler

Ihr braucht:

- kleine Glasflaschen oder andere Hindernisse
- Watte
- einen Trinkhalm für jeden Spieler
- eine Stoppuhr

So geht's:

1. Stellt die Flaschen als Hindernisse in einer Reihe auf.
2. Auf ein Signal hin pustet der erste Spieler die Watte mit dem Trinkhalm so schnell wie möglich im Slalom um die Hindernisse. Stoppt die Zeit.
3. Wechselt durch, bis jeder Spieler an der Reihe war.

Der schnellste Slalompuster gewinnt!

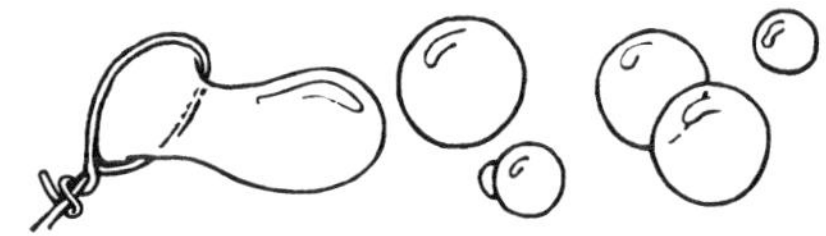

Name:

Luftige Spiele (2)

für die ganze Klasse

Luftballonjagd

Ihr braucht:

- viel Platz
- viele Luftballons
- Markierung für die Feldgrenze

So geht's:

1. Markiert ein großes Feld und teilt es in zwei Hälften. Teilt euch in zwei gleich große Gruppen ein. Stellt euch im Feld gegenüber auf. Jedes Kind hat einen Luftballon in der Hand.
2. Versucht nun, eure Ballons in das gegnerische Feld zu werfen oder zu kicken. Dabei dürft ihr die Linie nicht übertreten. Die Luftballons sollen nicht kaputt gehen.
3. Sobald ein Signal ertönt, müsst ihr stoppen. Zählt die Ballons in jedem Feld.

Die Gruppe, die weniger Ballons in ihrem Feld liegen hat, gewinnt!

Schwebende Luftballons

für die ganze Klasse

Ihr braucht:

- ein Schwungtuch
- mehrere Luftballons

So geht's:

1. Breitet das große Tuch aus und verteilt euch gleichmäßig darum.
2. Blast einige Luftballons auf, verknotet sie und legt sie auf das Tuch.
3. Haltet euch nun rundherum am Tuch fest und hebt es langsam an. Die Ballons dürfen nicht herunterfallen. Probiert verschiedene Bewegungen aus:
   - Hebt das Tuch hoch, sodass die Ballons hochfliegen. Fangt sie wieder auf.
   - Dreht euch mit dem Tuch und bewegt es nach oben und unten.

Achtung: Je mehr Ballons im Tuch liegen, desto schwieriger wird es!

